0.1%의 비밀

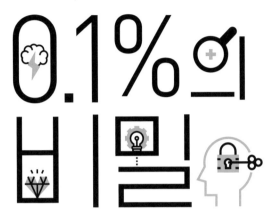

부모만이 줄 수 있는 두 가지 선물, 자존감과 창의성

조세핀 김·김경일 공저

EBS
BOOKS

내 아이를 0.1%의 인재로 키우는 비밀

부모 교육 강연을 기획할 때는 평소보다 더 고심하게 됩니다. 강연 내용이 부모님들은 물론이고 그 자녀들에게까지 많은 영향을 미치니까요. 아이들은 앞으로 다가올 세상을 이끌어갈 미래 세대입니다. 4차 산업혁명이 일어나고 새로운 환경이 펼쳐질 것이라 예상되는 지금, 아이들을 키우는 부모들의 불안은 커져만 갑니다. 과연 어른인 우리가 아이들에게 가르쳐줄 수 있는 것은 무엇일까요? 새로운 시대를 우리 아이들은 행복하게 맞이할 수 있을까요?

우리 세대는 주입식 교육을 받으며 자랐습니다. 성공이나 행복의 정의도 여지없이 주입되었습니다. 좋은 대학만 가면 다 잘될 것이라고, 대기업에 가거나 전문직을 가지면 성공한 것이라고 믿었습니다. 그럴 수밖에 없었습니다. 어린 시절부터 내내 듣고 자란 소리거든요. 한창 어려웠던 시절에 태어나 제대로 배움의 기회를 얻지 못한 부모님들은 내 자식만은 잘 살게 하리라는 일념으로 공부를 가르쳤고, 우리는 그 기대에 부응하기 위해 앞만 보며 달려왔습니다.

지금의 아이들은 조금 다르더라고요. 초등학생의 상당수가 유튜브 크리에이터와 프로게이머를 꿈꾸고 있어요. 부모님이 바라는 직업보다는 스스로가 좋아하는 일을 찾으려고 합니다. 기존의 성공 법칙은 더 이상 통하지 않는다는 사실도 알고 있는 것 같아요. 어쩌면 우리 세대를 보면서 깨달은 것인지도 모릅니다.

그런데도 어른들은 여전히 아이들에게 비슷한 정답을 강요합니다. 세상이 변화무쌍해질수록 안정적인 직업을 가져야 한다거나 세상이 아무리 바뀌어도 공부가 우선이라는 이야기를 하지요. 아이들은 혼란스러울 것입니다. 정말로 공부만 잘하면 되는 걸까? 잘살기 위해서는 어떻게 해야 할까? 무엇을 해야 미래를 대비할 수 있을까? 이런 의문도 잠시뿐, 대학 입시라는 좁은 문을 향해 끝없이 행군하는 아이들은 점점 무기력해집니다.

아이들의 고민은 곧 부모들의 고민이기도 합니다. 정말로 공부만 시키면 되는 걸까? 어떻게 해야 우리 아이가 잘살 수 있을까? 아이의 미래를 대비하는 방법은 무엇일까?

우리는 궁금했습니다. 미래 인재로 자라고 있는 아이들의 비밀이 궁금하고, 아이들에게 그런 역량을 길러주려면 어떻게 해야 하는지 궁금했습니다. 그러면서 주목하게 된 키워드는 바로 '자존감'과 '창의성'입니다.

불확실하고 변화가 큰 세상에서 자존감은 기본으로 갖춰야 할 자질이 되었습니다. 흔들리지 않고 주체적인 인생을 살아가는 힘과 실패 후에도 다시 일어설 수 있는 심리적 회복탄력성이 필요할 테니까요. 또한 창의성은 미래 사회에서 무엇보다 중시될 역량입니다. 인공지능과 경쟁해야 하는 시대에 컴퓨터로 대체할 수 없는 창의적인 생각을 할 수 있는 사람은 그야말로 귀한 인재가 될 것입니다.

이런 생각으로 우리는 두 가지 키워드에 대해 가장 잘 말씀해줄 두 분, 교육학자인 조세핀 김 교수님과 인지심리학자인 김경일 교수님을 모셔서 강연을 진행했습니다. 아이를 0.1%의 귀한 인재로 키울 수 있는 비밀에 대한 이 강연은 많은 부모에게 폭발적인 반응을 얻었습니다.

자존감 높은 학생들이 자기 분야에서 뛰어난 실력을 보인다는 사실은 우리 아이들에게 자존감이 필요한 이유를 깨닫게 합니다. 창의적인 사람이 따로 있는 것이 아니라 상황에 따라 누구나 창의성을 발휘할 수 있다는 사실은 우리 아이들 또한 충분히 창의적인 인재가 될 수 있음을 알려줍니다.

4차 산업혁명으로 맞이할 새로운 시대에는 자존감과 창의성이 무엇보다 중요한 역량이 될 것입니다. 더군다나 이 두 가지 역량은 우리 아이들에게 성공뿐만 아니라 행복할 수 있는 길을 보여줍니다. 두 개념은 우리에게 전혀 낯설지 않지만, 여전히 많은 부모가 어떤 방식으로 아이의 자존감과 창의성을 키워줘야 하는지 어려워하고 있습니다. 두 분의 강연을 계기로 자존감과 창의성의 개념에 대해 다시 알게 되는

0.1%의 비밀

동시에 아이를 행복하게 키울 수 있을 것 같은 희망이 생겼다는 소감이 많았습니다.

두 분의 강연을 더 많은 분과 나누고자 책으로 엮었습니다. 시간 관계로 방송에는 내보내지 못한 내용과 두 교수님이 보충해주신 글까지 더해 좀 더 풍부한 이야기를 담고자 했습니다.

먼저 1부와 2부에서는 조세핀 김 교수님이 자존감 있는 아이로 키우는 법에 대해 말합니다. 자존감이야말로 미래 인재가 되는 핵심역량입니다. 실제로 세계 최상위권 학생들이 모인 하버드에서 학교생활을 성공적으로 해나가는 대다수의 학생들은 지능보다 뛰어난 자존감을 가지고 있었습니다. 1부에서는 자존감이 왜 중요한지 설명하고 2부에서는 부모가 아이의 자존감을 길러주는 법을 알려줍니다.

3부와 4부에서는 김경일 교수님이 미래 인재의 또 다른 핵심역량으로 꼽히는 창의성에 대해 말합니다. 3부에서는 인공지능을 이기는, 사람만이 가진 창의성에 관해 설명하고 4부에서는 아이의 창의성을 키워주는 부모의 교육법을 공유합니다.

강연에 이어 이 책을 통해 지식과 혜안을 나눠주신 두 교수님께 감사의 말씀을 전합니다. 새로운 시대를 맞아 아이를 뛰어난 인재이자 행복한 사람으로 키우고 싶은 부모들에게 이 책이 도움이 되었으면 합니다.

EBS 부모특강 〈0.1%의 비밀〉 제작팀

CONTENTS

학교는 가르치지 않는 자존감, 부모에게 달렸다

AI 시대에 살아남는 창의성의 비밀

4장

모든 아이는 이미 창의적이다

1

0.1% SECRET

하버드 학생들은
지능은 달라도
자존감은 같다

하버드대 학생들에게는 뭔가 특별한 것이 있다

자존감, 제대로 알아야 가르친다

국영수보다 중요한 자존감 조기교육

자존감 높은 아이가 미래 인재로 자란다

1.

하버드대
학생들에게는
뭔가
특별한 것이 있다

아이의 행복을 바라는 부모, 행복하지 않다는 아이

"내 아이가 어떤 사람으로 자라기를 바라시나요?"

부모님들을 대상으로 강연을 할 때마다 저는 이렇게 묻습니다. 그러면 다양한 대답이 나와요. 몸과 마음이 건강한 아이, 바르고 긍정적인 아이, 남을 배려할 줄 아는 따뜻한 아이, 어딜 가도 사랑받는 아이······. 어떤 답변이든 그 초점이 전부 아이의 정서나 인성에 맞춰져 있음을 알 수 있지요. 모든 부모님의 공통적인 바람도 있어요. 바로 아이의 행복입니다.

참 이상한 일이죠? 부모님들은 아이의 행복을 이토록 바라는데, 아이들은 전혀 행복하지 않다고 말합니다. 방정환 재단과 연세대의 연구보고 자료에 따르면 대한민국 18세 미만 어린이와 청소년의 주관적 행복지수는 무려 10년 동안 OECD 국가 평균을 넘지 못했습니다. 최근에는 최하위 수준을 벗어났다고 하지만, 여전히 평균에 미치지 못하는 수치예요.

그에 반해 OECD 국가는 물론 세계에서도 가장 순위가 높은 항목이 있습니다. 바로 '국가별 학업 스트레스 지수'라고 해요. 청소년들이 공부로 인해 느끼는 스트레스가 그만큼 높다는 뜻입니다. 학업 스트레스 지수가 가장 낮은 나라에 속하는 나라는 네덜란드인데요. 네덜란드 어린이와 청소년의 주관적 행복지수가 굉장히 높습니다. 이쯤 되면 두 수치의 상관관계를 파악할 수 있으시겠지요? 우리 아이들을 행복하지 않게 만드는 큰 이유 중 하나가 바로 학업 스트레스인 것입니다.

실제로 청소년들이 무엇으로 고민하는지 조사해보면 1위는 단연 공부라는 걸 알 수 있어요. 아이에 따라 외모나 친구관계, 가정환경 등을 더 고민하는 경우도 있겠지만, 대다수 아이가 압박감을 느끼는 가장 큰 요인은 바로 성적입니다.

아이가 한 살 한 살 나이를 먹을수록 부모님의 관심은 아이의 성적에 집중됩니다. 아이가 그저 건강하고 무탈하기만 바랐던 부모님들도 아이를 학교에 보내고 나면 공부를 시키는 데 굉장히 열을 올리세요. 그 마음을 모르는 바는 아닙니다. 학벌 사회라 불리는 대한민국에서 대학 간판은 여전히 프리패스처럼 작용하거든요. 게다가 그 꼬리표가 생각보다 아주 길게 가요. 큰 성공을 이루었음에도 학벌 콤플렉스를 버리지 못하는 분이 참 많습니다. 특정 대학을 비하하거나, 반대로 우러러보는 시각이 여전히 팽배하거든요. 이런 사회에서 살아온 부모님들은 자녀들에게 공부하라고 말할 수밖에 없어요. 그래서 아이들은 초등학교에 입학하는 순간부터 대입을 향한 긴 여정을 시작하게 됩니다.

부모님들도 아이에게 공부를 강요하고 싶지 않다고 말씀하세요. 한창 뛰어놀 나이에 학원을 돌고, 늦은 시간까지 숙제에 시달리는 자녀들이 왜 안쓰럽지 않겠어요. 하지만 취업 경쟁이 점점 치열한데 그래도 웬만한 대학은 나와야 밥벌이를 하지 않겠느냐는 것이 또 부모님들의 입장입니다.

"먹고살기 힘들면 행복도 없어요. 즐기면서 사는 것도 어느 정도 기반이 있어야 가능한 것 아닌가요?"

부모님들은 이렇게 말씀하세요. 세상이 아무리 변해도 공부가 가장 쉽고 편한 길이라고 생각하시죠. 요컨대 아이의 행복을 위해 공부를 시킨다는 겁니다. 그러나 아이의 행복을 위한 교육이 아이의 행복을 앗아가고 있거든요. 참 아이러니한 일이지요.

지금, 우리 아이들이 병들어간다

미국정신의학협회에서는 정기적으로 펴내는 서적이 있습니다. 정신질환 진단과 통계에 관한 책인데 심리학의 바이블이라고 할 수 있습니다. 그런데 여기에 화병이 'hwa-byung'이라는 한국식 표기로 등재된 적이 있어요. 당시 협회에서는 화병에 대해서 이렇게 설명했습니다. '한국과 그 외 유교 문화권 나라들에서 발견되는 감정표현불능증.' 우울과 분노 같은 부정적 감정이 쌓여서 생기는 마음의 병인데, 이게 결국 신체 증상으로도 나타납니다.

화병은 다른 사람들이 나를 있는 그대로 인정해주지 않고 받아주지 않을 때, 한마디로 나의 진가를 몰라줄 때 찾아옵니다. 그래서 예전에는 주로 주부들이 겪는 병이었어요. 평생 아내이자 엄마로, 며느리로 갖은 고생을 했는데 아무도 고마워하지 않고 그 노동을 당연하게 여기니까 허무하고, 억울하고, 한스러운 거예요. 그런데 요즘은 청소년들이 화병을 호소해요. 자기 나름대로 애쓰고 노력하는데 다른 사람, 특히 부모님에게 그런 자신의 모습이 받아들여지지 않는다고 느끼는 거예요.

저는 마음이 텅 비어 있는 아이들을 자주 만나요. 하루하루 새로운 재미를 느껴도 모자랄 나이인데 아이들은 삶의 의미가 없다고 말해요. 공부를 왜 하느냐고 물으면 "몰라요", "집에서 하라니까 하는 거예요", "안 하면 엄마한테 죽어요" 이런 대답을 해요. 목표가 없으니 동기 부여가 안 되고, 동기 부여가 안 되니 공부가 싫을 수밖에 없겠지요. 부모의 기대와 바람에 나름대로 부응해보려고 해도 부모가 자신의 노력이 아닌 결과만 바라본다는 생각에 아이들은 화병에 걸립니다.

집안 배경도 좋고, 공부도 잘하고, 참 예쁘기도 한 아이가 있었어요. 남 부러울 것 없어 보였던 그 아이는 습관적으로 자해를 했습니다. 다른 사람이 잘 볼 수 없는 가슴팍과 허벅지 안쪽을 칼로 긋는 행위를 멈출 수 없다고 하더라고요. 저는 지금도 그 아이의 말을 잊을 수가 없어요.

"저는 감정적으로 죽어 있어요. 꼭 죽은 사람 같아서 이렇게라도 피를 보지 않으면 제가 살아 있다는 걸 잊어버려요."

이런 가슴 아픈 말을 했거든요. 그 아이의 부모 또한 다른 부모와 마찬가지로 아이를 잘 키우려고 했을 거예요. 하지만 본심과 다르게 아이 그대로를 보지 않고 성적과 같은 결과물로만 아이를 평가하기 시작했을 것입니다. 어느새 아이는 자기 자신을 별로 쓸모가 없다고 느겼어요. 마음을 닫고 부모와도 멀어져서 대화를 하지 않았습니다.

무엇이든 대신 해주는 부모 밑에서 자란 탓에 우울감에 빠진 아이도 있었어요. 그 아이는 엄마가 조종하는 삶을 살았어요. 자기가 무엇을 좋아하는지, 무엇을 하고 싶은지도 몰랐고, 관심도 없었습니다. 이렇게 말하는 아이들이 수두룩해요. 이것이 우리 아이들의 현실입니다.

부모님들은 보통 이런 아이들이 굉장히 특별한 케이스일 거라고 생각하세요. 한마디로, 우리 아이는 그러지 않을 거라고 믿는 거예요. 하지만 제가 상담한 아이들이 꼭 그렇지만은 않았어요. 겉으로 보기에 평범하거나 뛰어나다고 할 수 있는 아이들이 남 몰래 속앓이를 하는 경우가 많았거든요. 어른들이 모르는 사이에 아이들이 병들어가고 있는 겁니다.

하버드대 학생들은 어떤 점에서 뛰어날까?

부모님들의 바람대로 좋은 대학의 간판이 아이들의 인생을 성공으로 이끈다면 좋겠지만, 실제로는 그렇지 않아요. 좋은 대학을 나와도 취업을 못 하거나, 취업을 해도 적응을 못하고 이리저리 옮기는 사람, 어느 정도 적응하며 살기는 하지만 전혀 행복을 느끼지 못하는 사람들이 참 많습니다. 카이스트 학생들의 연이은 자살로 온 국민이 충격에 빠졌던 일을 기억하실 거예요. 이후에도 참 많은 사건들이 있었습니다. 전교 일등을 놓치지 않던 학생, 명문 고등학교에 다니던 학생, 중요한 시험을 망친 학생 등 참 많은 아이가 스스로 목숨을 끊었습니다. 그 아이들은 공부에 대한 부담감을 호소했어요. 공부만 잘하면 문제가 없는 걸까요? 그건 어른들만의 생각이에요.

공부가 아무 소용이 없다거나 좋은 대학에 갈 필요가 없다는 이야기는 아니에요. "저는 일등까지는 바라지도 않아요. 제가 안 시키면 아이가 공부를 너무 안 해서 어쩔 수가 없어요." 이렇게 하소연하는 마음도 알고, "아이가 어떤 일을 하게 될지 모르는데 좋은 대학을 나오면 평범한 회사라도 다닐 수 있잖아요"라는 말도 이해가 됩니다. 다만 그것이 아이라는 존재 자체보다 우선이 된다면, 또는 아이가 그렇게 느낀다면 안 될 일이겠지요.

하버드대학교는 세계에서 인정받는 명문 학교입니다. 그렇다면 이곳의 아이들은 모두 잘 지낼까요? 꼭 그렇지만은 않습니다. 좌절감을 느끼거나 우울증을 앓는 학생들도 있어요. 공부에 있어서는 항상 최고였는데 하버드에 와보니까 자기보다 뛰어난 친구들이 너무 많은 거예요. 결국 학교를 그만두거나 자살을 시도하는 학생도 여럿 보았습니다. 최근 10년 사이에 자살한 학생 중 절반 이상이 아시아계였어요.

그런데 이곳에서도 행복하게 공부하는 학생들이 많이 있습니다. 내로라하는 인재들 사이에서 성적에 대한 압박감을 이겨내며 자신의 인생을 계획하고 나아가는 학생들입니다. 그 학생들이야말로 상위권 중의 상위권, 0.1퍼센트라고 할 만하지요.

0.1%의 비밀

하버드대학교에서 처음 학생들을 가르치게 되었을 때 저는 이런 생각을 했어요. 이 아이들에게는 무언가 특별한 점이 있지 않을까? 미국뿐 아니라 세계 최상위권 학생들이니까 분명 탁월한 면이 있을 거라고 예상했지요. 그런데 그 학생들을 대하며 놀란 부분은 그들의 타고난 지능이나 뛰어난 지식 같은 게 아니었어요. 그보다 훨씬 두드러지는 점이 있었습니다.

먼저, 대다수의 하버드대 학생들은 지적받는 것을 두려워하지 않아요. 집단 상담을 이끌어가는 방법에 대해 실기 수업을 진행한 적이 있습니다. 학생들은 그룹을 만들어서 실제 상황처럼 상담을 이끌었고, 마지막에는 서로 평가하는 시간을 가졌어요. 저는 학생들에게 긍정적인 피드백만 주었습니다. 그런데 한 학생이 이런 말을 하더라고요. 혹시나 자신의 감정이 상할까봐 좋은 이야기만 하는 거라면 오히려 자기가 성장할 수 있는 기회를 빼앗는 것과 같다는 거예요. 굉장히 의외라고 생각했는데, 다른 학생들도 그 말에 공감했어요. 이 일은 시간이 많이 흘렀음에도 생생하게 기억납니다. 저 또한 교수로서 성장할 수 있는 기회가 되었기 때문입니다.

한국의 강의 시간을 한번 떠올려보세요. 학생들은 자기가 틀릴까봐, 그리고 그것을 지적당할까봐 전전긍긍합니다. 누가 자신의 실수나 잘못, 부족한 점을 지적하면 굉장히 부끄러워하고, 속상해요. 다르게 생각하면 실수와 잘못을 바로잡을 수 있는 기회인데, 그보다 먼저 자존심이 상하는 거죠.

그런데 하버드대 학생들은 비판을 기다리더라고요. 심지어 자신의 의견을 비판하는 사람한테 "thank you"라고 말해요. 그리고 그 내용을 성장의 발판으로 삼습니다. 이런 학생들인 만큼 토론 수업을 참 좋아해요. 어떤 주제에 있어서 스스럼없이 자신의 의견을 말하고, 그와 다른 의견을 귀담아듣습니다. 토론 수업을 할 때면 서로 다른 의견을 가진 학생들이 팽팽하게 맞서기도 하지만, 상대편의 반론을 자기 자신에 대한 공격이라고 생각하지는 않아요.

또 한 가지 특징은 상대의 말을 듣고 나서는 반드시 "okay"라고 말한다는 점이에요. 자기와 다른 의견일지언정 우선 존중의 뜻을 표하는 거예요. 그다음에 자신의 생각을 말합니다. 내 생각이 남과 다를까봐, 혹은 틀릴까봐 걱정하지 않아요. 내가 틀려도 창피한 일이 아니고, 상대가 틀려도 비웃을 일이 아니에요. 자연히 어떤 의견이든 존중할 수밖에 없겠지요.

저는 강의뿐만 아니라 교내에서 정신건강 상담도 하고 있는데 학생들은 힘든 일이 생기면 주저 없이 와서 솔직하게 말하고 도움을 청해요. 그런 행동을 당연하다고 여깁니다. 부족한 점이 있다면 고치면 되고, 힘든 점이 있다면 극복하면 된다고 생각하는 거지요. 그러면 또 한 단계 성장하는 셈이니까요.

15년간 하버드대학교에서 가르치며 제가 분명하게 깨달은 것이 하나 있어요. 하버드 학생들이 가진 진짜 탁월한 능력은 지능이 아니라 바로 자존감이라는 점입니다.

하버드 공부법보다 자존감에 주목하라

우리 아이들이 학업 스트레스로 고통 받는 이유가 단지 부모님 때문만은 아닐 거예요. 우리나라에서 아이들의 성적을 평가하는 방식은 굉장히 심플하거든요. 정답 아니면 오답이에요. 이런 방식에 너무 익숙해지다 보니까 서술형 문제를 도입해도 부모님과 아이들이 굉장히 답답해해요. "그래서 틀렸다는 건가요, 맞았다는 건가요?", "이 정도면 잘한 건가요, 못한 건가요?" 이런 질문이 쏟아지는 거예요. 이게 습관이 되니까 아이들은 자신의 의견을 말하지 못해요. 자유롭게 이야기하는 시간에도 정답을 내놔야 한다고 생각해요.

시험점수 위주의 입시 방식도 마찬가지입니다. 대입 전형이 다양화되고 있다지만 많은 아이들은 여전히 공부에만, 숫자에만 매달리고 있습니다.

하버드대학교는 성적만 좋다고 해서 들어갈 수 없어요. 2014년 하버드대의 드류 길핀(Drew Gilpin) 총장은 시사 매거진 〈애틀랜틱(the Atlantic)〉과의 인터뷰에서 이렇게 얘기했습니다.

"하버드대 합격 공식은 없다."

대학 입학이 시험점수에만 좌우되지 않기 때문에 학생들은 여러 가지 방법으로 자신을 균형 있게 발전시켜야 합니다. 특별활동과 에세이, 추천사, 면접 점수로 당락이 결정되거든요. 시험이란 것은 학생의 지식을 테스트하고자 하는 게 아니라 학생의 시험 능력(test-tasking skills)을 테스트하는 거예요. 시험점수를 다른 요인들과 동일하게 측정한다면 학생들의 지적인 능력만 발달하는 게 아니라 인성과 감성 그리고 사회성도 발달하게 되겠지요.

면접에서는 자신의 생각을 조리 있게 말할 줄 알아야 하고, 그 이전에 사람과 소통하고 공감할 줄 아는 능력이 있어야 해요. 이런 능력들은 공부를 해서 얻을 수 있는 게 아닙니다. 삶에서 꾸준한 연습이 있어야 하고, 그 연습을 통해 가질 수 있는 스킬들이지요.

스킬이란 머리로 알고 있는 지식이 아니잖아요. 꾸준히 반복하면서 내 것으로 만들어야 하는 것이거든요. 그 반복의 과정에서 때로는 실패도 할 것이고, 실패하다 보면 자신의 생각과 방법을 교정하게 됩니다. 그렇게 사람들과 소통하다 보면 자신감이 생겨요. 그리고 누구든 다른 사람에게 도움을 줄 수 있다는 점을 알게 됩니다. 스스로가 타인과 사회에 유익한 사람, 가치 있는 사람이라는 사실을 알게 되는 거예요. 이 사이클은 자존감의 힘이 됩니다. 하버드가 원하는 인재는 곧 자존감이 높은 사람이에요.

하버드대 합격률은 5퍼센트도 채 되지 않습니다. 시험만 잘 봤던 학생들은 합격하기 어렵고, 합격을 한다고 해도 학교생활에 잘 적응하지 못해요. 그들은 모두 비슷한 고충을 가지고 있었어요. 성적 말고는 자기 자신의 존재 의미를 찾지 못한다는 것이에요. 이 말은 곧 자존감이 낮다는 뜻입니다. 이런 학생들은 자존감 높은 하버드대 학생들 사이에서 점점 위축되겠지요. 비판을 받아들이지 못하고, 힘들어도 도움을 청하지 못해요. 하버드대를 나온다고 한들 행복하게 살기란 쉽지 않을 거예요.

그래서 저는 부모님들에게 이렇게 강조합니다. 주목해야 할 것은 하버드대 학생들의 공부법이 아니라 자존감입니다. 명문대는 결코 행복을 보장하지 않아요. 좋은 대학을 간다고 해서 성공적인 인생을 사는 것도 아니에요. 입시를 위해 아이의 자존감을 무시한다면 그것이야말로 아이 인생 전체에 큰 악영향을 끼치는 일입니다. 반대로 아이의 자존감을 중시하고 키워준다면 아이는 평생 안정된 행복을 누릴 거예요. 게다가 부모들이 바라는 좋은 성적이나 좋은 직업을 가질 확률도 더욱 높아지리라고 감히 말할 수 있어요.

자존감과 학업성취도는 분명 연관이 있습니다. 따라서 공부를 잘하거나 명문대를 나와야 행복에 가까워질 것이라는 생각은 어쩌면 앞뒤가 바뀐 것인지도 모릅니다. 행복한 아이들이야말로 행복하게 공부할 수 있어요. 그 아이들의 자존감은 성적뿐만이 아니라 삶을 만족스럽게 만들어줍니다. 정말 중요한 것은 입시 성공이 아니라 인생 성공입니다.

입시가 아닌 인생 성공으로 향하는 길

저는 한국과 미국을 비롯한 여러 나라에서 많은 아이를 만납니다.

국적이 다르고, 인종도 다르고, 살아가는 환경이나 형편도 제각각이지만 그런 것과 상관없이 눈에 띄는 아이들이 있어요. 바로 자존감이 높은 아이들이에요.

그 아이들이 다른 아이들보다 예쁘고 잘생겼다거나 가진 게 많지는 않아요. 반드시 똑똑한 것도 아니에요. 그렇지만 그 아이들을 가만히 보고 있으면 저까지 행복해져요. 내면이 단단하고 긍정적이다 보니까 주변 사람들까지 편안하게 해주는 거예요. 행복의 기운이라는 게 바로 이런 것이구나, 하고 생각하게 돼요.

많은 부모님이 아이들에게 최대한 좋은 것을 해주려고 하세요. 좋은 음식을 먹이고, 좋은 옷과 장난감을 사주고, 좋은 환경을 제공하고 싶은 게 모든 부모의 마음이에요. 남들이 하는 만큼 내 아이에게 해주지 못한다는 생각이 들 때면 굉장히 속상하고, 때로는 죄책감이 든다는 분들도 있어요.

하지만 아이가 무엇을 얼마나 누리든지 자존감이 낮으면 결코 행복해질 수 없어요. 자존감은 특정한 조건에서 주어지는 게 아니라 주변 사람과 상호작용을 하면서 조금씩 채워가는 것이기 때문입니다. 그리고 주변 사람 중 가장 중요한 인물이 바로 부모님이에요. 따라서 자존감을 키워주는 교육이야말로 부모가 아이에게 줄 수 있는 가장 좋은 것입니다.

정말 열악한 환경에서 자란 아이가 있어요. 가난한 집에서 태어났지만 지금은 하버드에서 학생들을 가르치고 있어요. 누구일까요? 바로

0.1%의 비밀

제 이야기입니다. 저희 집은 형편이 정말 어려웠어요. 돈이 너무 없어서 저는 열세 살부터 아이들을 가르쳤어요. 학비를 직접 벌어서 학교에 다녔던 거예요. 그만큼 열심히 살았습니다. 부모님이 전혀 원망스럽지 않았다면 거짓말일 거예요. 어린 나이에 공부도 하고 일도 해야 하니까 얼마나 힘들었겠어요. 가끔은 부모님한테 "이건 아동 노동입니다!" 하면서 불평하기도 했어요. 하지만 부모님을 좋아하고 존경하는 마음이 더 컸습니다.

이제 와서 생각해보니까 저희 부모님은 자존감의 중요성을 이미 알고 계셨던 것 같아요. 저희 가족에게는 돈은 없었지만, 신뢰가 많았어요. 부모님은 항상 저를 믿고 지지해주셨어요. "어려운 상황이지만 네가 잘해낼 것을 믿는다"라고 말씀하셨어요. 저 또한 제가 어떤 환경이든 극복하고 이겨낼 것이라고 믿으며 살아왔습니다.

수많은 아이와 부모님들을 상담하면서 느낀 게 있어요. 자존감이 높은 아이들에게는 공통적인 특징이 있다는 점이에요. 그런 아이들을 키워내는 부모님들의 특징도 있더라고요. 저는 그게 아이의 인생을 성공과 행복으로 이끄는 비밀이라고 생각해요. 이제부터 그 놀라운 비밀에 대해 이야기해보려고 합니다.

2.

자존감,
제대로 알아야
가르친다

자존감 교육이 어렵게 느껴지는 이유

제가 한국에서 처음 책을 출간했을 때만 해도 자존감이라는 말을 낯설게 여기는 부모님들이 많았어요. 자존감의 중요성은 물론이고 그 개념조차 제대로 알려져 있지 않았습니다. 미국에서는 1970년대부터 자존감이라는 감정과 그 영향을 연구해왔어요. 오랜 시간 이야기를 해왔기 때문에 자녀 교육에 각별히 관심을 두는 부모가 아니어도 자존감에 대해서 어느 정도 이해하고 있어요.

지금은 한국도 분위기가 사뭇 다른 것 같아요. 서점에 가보면 자존감에 관한 책이 참 많더라구요. 특히 육아서나 부모 교육 강의에서는 한결같이 자존감을 강조해요. 자존감 높은 아이가 잘 자란대요. 자존감 높은 아이가 성공한대요. 그러니 아이를 키우는 부모님들은 자녀의 자존감을 키워주기 위해 온갖 노력을 합니다.

그럼에도 여전히 많은 분이 어려움을 호소합니다. 그럴 수밖에 없어요. 지금 부모님들은 자존감 교육을 받으며 자란 세대가 아니잖아요. 저는 어렸을 때 자존감이라는 말조차 들어본 적이 없어요. 여러분도 마찬가지일 거예요. 경험해본 적이 없으니까 무엇을, 어디서부터, 어떻게 해야 할지 감이 안 잡혀요.

자존감이란 자아존중감(self-esteem)을 줄인 말이에요. 자신의 가치를 이해하고 평가하는 감정입니다. 자존감이 높은 사람은 자신을 소중히 여기고 자신이 타인에게 사랑받을 가치가 있으며 무엇인가를 이루어낼 수 있는 존재라고 믿습니다. 반대로 자존감이 낮은 사람은 자신을 믿지 못하고 무가치하게 생각해요.

이렇게만 들으면 좀 추상적이지요. 그래서 우리 아이는 자존감이 높은 건지, 낮은 건지 헷갈려요. 그때그때 다른 것 같기도 해요. 그림 실력에는 자부심이 있는 아이가 체육시간만 되면 자꾸 부정적인 암시를 해요. 자신감이 넘쳐 보이는 아이인데 실제로는 불안감이 심한 경우도 있어요. 국어랑 영어 점수가 90점이고 수학이 60점이면 '아, 우리 아이는 수학이 약하구나.' 하고 수학 점수를 올릴 방안을 찾아보면 되지만, 자존감은 그런 식으로 확인하기가 어려운 거예요. '이게 맞는 건가? 내가 잘하고 있나?' 고민하는 부모님들이 많은 이유도 여기에 있어요.

한 아이가 미술대회에 나가서 일등을 했어요. 그 아이는 무척 자랑스러웠습니다. '내가 일등이야. 나 정말 잘해냈어!' 하고 생각했어요. 자부심을 느낀 거지요. 열심히 노력해서 뭔가를 이루었을 때 느끼는 프라이드는 긍정적인 감정이에요. 그렇지만 이런 자부심이 곧바로 자존감으로 이어지지는 않아요. 만일 이 아이가 미술대회에서 좋은 성과를 내지 못했다면 자부심을 느낄 수 있었을까요? 꼭 그렇지는 않아요. 자부심과 자존감을 구분하는 기준은 여기에 있어요.

자부심은 일시적인 만족감입니다. 특히 자신이 낸 성과에 따라 자부심이 생겼다가 사라졌다가 한다면 자존감이 높은 사람이라고 할 수 없겠지요.

자존감이 높은 사람은 자기의 환경이나 특정한 사건, 타인의 평가에 그 마음이 달라지지 않아요. 반드시 좋은 성과가 있어야만 자부심을 갖는 것도 아니에요. 자기가 잘할 수 있는 일이든 아니든 피하지 않고 도전합니다. 그건 근거 없는 자신감이 아니라 '부족하더라도 최선을 다하겠다는 각오'와 '과정을 즐기려는 자세'인 거예요.

자부심 외에도 자존심과 자기애 등 많은 사람들이 자존감과 혼동하는 말이 있어요. "항상 칭찬을 해주는데도 아이가 자신감이 하나도 없어요. 왜 그런 걸까요?", "부족한 게 없는 아이인데 자존감이 낮은 것 같아요. 이유를 모르겠어요." 이렇게 말하는 부모님들이 많습니다. 아이에게 자존감을 키워주기 위해 했던 교육이 엉뚱하게도 자존심이나 자기애를 심어준 결과로 나와버린 셈이지요.

자존심과 자존감의 차이

자존심은 한국 사회에서 굉장히 중요하게 여기는 감정이에요. 우리는 툭하면 "너는 자존심도 없니?"라고 말해요.

"교수님, 저희 애는 친한 친구들 중에서 시험을 제일 못 봤다면서 속없이 웃기만 해요. 어휴, 정말 자존심도 없나봐요."

어떤 어머님은 이렇게 말씀하시면서 답답하다며 가슴을 치셨어요. 이런 분들은 아이가 100점을 맞아도 마냥 좋아하지 않으세요. 꼭 이

렇게 물어봅니다. "다른 친구들은 시험 잘 봤대?" 그리고 자기 아이만
100점을 맞았다고 하면 그제야 흡족해하세요.

　이를 통해 우리는 자존심이 무엇에서 오는지 알 수 있어요. 자존심
이란 비교를 통해서만 충족되는 감정이에요. 내가 그냥 잘하는 건 의
미가 없어요. 내가 '남보다' 잘해야 하는 거예요. 사실 아이들에게는
모두 그런 시기가 있어요. 아직 자기중심적인 사고에서 벗어나지 못한
어린아이들은 지적받기를 싫어하고 항상 자기가 이겨야 해요. 하지만
나이가 들어서도 자기가 틀리거나 질 수도 있다는 사실을 인정하지
못한다면 많이 힘들어지겠지요.

　자존심이 센 사람은 소유, 성취, 지위, 외모, 인간관계 등 모든 면에
서 자신과 타인을 끊임없이 비교해요. 남보다 많이 가지고, 남보다 잘
하고, 남보다 높은 자리에 앉고, 남보다 예쁘거나 잘생기고, 남보다 인
맥이 좋아야 해요. 그래야 만족합니다. 누군가를 이겨야만 내가 괜찮
은 사람이 되는 거예요. 그러다 보니까 열등감을 느끼기가 쉬워요. 세
상에는 나보다 잘난 사람이 존재하기 마련이거든요. 비교를 통한 만족
감은 언제든지 무너질 수 있습니다.

　자존감이 높은 사람은 다른 사람과 비교하거나 다른 사람의 평가를
통해 자기 자신을 바라보지 않아요. 아무 조건 없이 스스로를 존중하
기 때문에 주변 상황이나 타인의 시선에 쉽게 흔들리지 않습니다. 내
면이 탄탄하다는 건 바로 이런 거예요.

　몇 명이 100점을 받았든 간에 우리 아이가 100점을 맞았다면 잘한

　　　　　　　　　0.1%의 비밀

거예요. 100점 맞은 아이가 많다고 해서 우리 아이가 받은 100점의 가치가 떨어졌다고 생각할 필요는 없어요. 아이가 혼자만 잘하기를 원하고 아이에게 혼자만 잘하기를 요구하면 자녀를 자존감 높은 사람이 아니라 자존심 강한 사람으로 키우고 있는 셈입니다.

자존심만 내세우는 사람들을 보면 대개 자존감이 낮아요. 어른들 중에도 그런 사람이 많습니다. 자존심 때문에 솔직하지 못해요. 자존심이 상한다는 이유로 자신의 실수와 잘못을 인정하지 않아요. 자기보다 못한 사람을 보면서 안심하고, 자기보다 잘난 사람을 보면서 불평해요. 그래서 자존심 센 사람과 함께 있으면 굉장히 피곤합니다. 자존심이 강하다는 건 다른 말로 하면 "나는 자존심에 상처 입을 준비가 되어 있어" 하는 것과 같아요. 주변 사람들은 그 사람의 자존심을 건드리지 않기 위해 조심해야 해요. 결국 누구도 가까이하고 싶지 않은 사람이 되겠지요.

자기만 소중한 아이들의 문제

저는 강연을 할 때마다 부모님들에게 이렇게 말씀드려요.

"현실을 빨리 받아들이셔야 마음이 편합니다."

여기서 말하는 현실이란 우리 아이가 최고는 아니라는 사실을 뜻해요. 우리 아이보다 예쁘고 잘생긴 아이요? 당연히 있어요. 우리 아이보다 똑똑한 아이도 반드시 있습니다. 그걸 얼른 받아들여야 부모로서 마음이 한결 편해집니다. 우리 아이가 가장 똑똑해야 하고, 제일 돋보여야 한다는 강박에서 벗어날 수 있거든요. 아이들도 마찬가지예요. 언제 어디서나 내가 최고여야 한다면 그것만큼 피곤하고 부담스러운 일이 어디 있겠어요.

부모님들이 자주 하는 실수 중 하나가 아이를 존중한다면서 지나치게 우대하고 추켜세우는 거예요. 비혼, 비출산 인구가 급속도로 늘고 있고, 아이를 낳아도 대개 한두 명 정도이다 보니 아이들은 집안 어른들의 사랑을 독차지합니다. 아이가 사랑을 듬뿍 받고 자라는 건 좋은 일이에요. 다만 아이 자존감을 높여주겠다고 무조건 "네가 최고야!" 하는 식으로 키우면 아이들은 자기애만 가득한 사람으로 자라게 됩니다.

많은 사람이 '자기애'를 긍정적인 개념이라고 생각해요. "자기 자신을 사랑해야 한다면서요? 그게 자기애 아닌가요?" 하고 묻는 분들도 있습니다. 자기애는 영어로 나르시시즘(narcissism)이라고 합니다. 나르시시즘은 단순히 스스로에 대한 사랑을 뜻하는 게 아니에요. 자기 자신에게 지나치게 큰 가치를 부여하고 애착을 가지는 성격을 의미합니다. 지나친 과대평가지요.

그토록 자신을 사랑하면 행복할 것 같지만, 그렇지 않아요. 그건 헛된 거품이거든요. 거품은 툭, 하고 쉽게 터져버려요. 거품을 많이 갖고 있을수록 아이가 쉽게 상처받는다는 뜻이에요. 자기애가 강한 아이들은 너무 힘들어요. "나는 이렇게 대단한 사람인데 남들은 왜 그걸 모르지?"라는 불만을 갖고 있어요. 다른 아이들은 나보다 못한 사람이니까 함부로 해도 된다는 그릇된 인식도 가지고 있습니다. '쟤는 그런 취급을 받을 만해' 하고 생각하는 거예요.

'타인을 어떻게 인식하느냐'가 바로 자기애가 강한 아이와 자존감이 높은 아이의 가장 큰 차이점입니다. 친구를 따돌리는 데 앞장서는 아이들 중에는 자기애가 강한 아이가 많아요. 어떤 아이들은 심지어 왕따를 주도하면서 존재감을 과시해요. 빈약한 내면을 채우려는 거예요.

내 아이만 귀하고, 내 아이만 대단하다는 부모의 태도가 이런 아이를 만들어냅니다. 모든 아이가 하는 일을 마치 우리 아이만 특별하게 잘하는 것처럼 여기는 건 좋지 않아요. 특히 이런 식의 칭찬은 되도록 안 하는 게 좋아요.

"어머머머, 우리 왕자님! 학교 잘 다녀오셨어요? 아이고, 장해라~!"

학교에 다니는 건 어느 아이들이나 하는 건데 마치 대단한 일을 해낸 양 말하면 아이에게 오히려 해롭습니다. 집에서는 부모님의 눈에 비친 대로 거품을 유지하느라 괴롭고, 밖에서는 거품이 걷힌 자기 모습을 직면하는 게 괴롭고, 아이 입장에서는 이중고에 시달리는 셈이겠지요.

우리 아이 자존감은 괜찮을까?

　그렇다면 우리 아이는 자존감이 높을까요, 낮을까요? 부모님들은 이 점이 궁금하실 거예요. 아이의 자존감 수준을 알아보기 위해서는 일상에서 성공과 실패를 경험했을 때 아이가 하는 말과 행동을 잘 살펴봐야 합니다. 같은 상황이어도 아이마다 받아들이는 방식이 다른데 그 반응을 관찰해보면 아이가 어떤 부분에서 어려움을 느끼는지 짐작할 수 있어요.

　아래 상황에서 세 아이의 반응을 살펴보면 자존감이 높은 아이는 a 겠죠. 자신의 노력이 어떤 결과를 가져왔는지 가감 없이 이야기하고

---

situation　　어려운 수학 시험에서 한 문제만 틀리고 모두 맞혔을 때

 "지난주에 공부를 열심히 했더니 점수가 잘 나왔어요. 한 문제는 중간에 계산을 틀렸어요. 좀 급하게 풀었거든요."

 "다 맞을 수 있었는데 왜 이런 바보 같은 실수를 했는지 모르겠어요. 속상해 죽겠어요."

 "수학 시험 잘 보려고 내가 하고 싶은 건 하나도 안 하고 공부만 했어요. 제가 봐도 역시 전 대단한 것 같아요."

　　　　　　　　　　　　　　　　　0.1%의 비밀

있습니다. 성취를 인정하고 실수에 크게 개의치 않아요. b 같은 경우에는 지나치게 실수에 신경을 쓰고 있어요. 자신의 성취는 무시하고 잘못한 부분만 생각하는 거예요. 점수를 잘 받았음에도 실수로 틀린 문제 하나로 시험 결과를 망친 것처럼 여깁니다.

c는 어떤가요? 아이가 실제로 이렇게 말한다면 부모님이 보기에 귀엽기는 하겠지만, c는 지금 자기가 잘한 부분만 강조하면서 칭찬과 주목을 더 많이 받으려고 하거든요. 자기 성취를 너무 부풀리는 것도 좋은 건 아니에요.

반대로 어떤 일이 잘 풀리지 않을 때 이 아이들의 반응은 어떨까요?

a는 자기가 문제를 풀지 못하는 상황을 담담하게 인정하고 있어요.

---

situation **문제집을 풀고 있는데 답을 찾기 어려울 때**

 "이 문제는 좀 어렵네. 해설을 보고 나서 다시 풀어봐야 겠다."

 "나는 왜 이렇게 머리가 나쁘지? 역시 나는 공부에 재능이 없어."

 "선생님이 잘못 가르쳐줘서 틀렸네. 아니면 문제 자체가 잘못됐든지."

자존감이 높은 사람은 다른 사람과 비교하거나
다른 사람의 평가를 통해 자기 자신을 바라보지 않아요.
아무 조건 없이 스스로를 존중하기 때문에 주변 상황이나
타인의 시선에 쉽게 흔들리지 않습니다.
내면이 탄탄하다는 건 바로 이런 거예요.

자존감이 높은 아이라고 해서 실패가 기분 좋은 건 아니에요. 다만 실패를 확대 해석하지 않습니다. 성적이 안 좋다고 해서 자기 자신을 못난 인간이라고 비난하지 않는 거예요. 그래서 자신의 부족함을 있는 그대로 인정할 수 있어요. 모르는 게 있어도 그걸 부끄러워하거나 숨기지 않고 오히려 제대로 알고 싶어 합니다. 배우는 자세가 되어 있다고 할 수 있어요.

반면에 b는 스스로를 깎아내리고 있어요. 시험을 망쳤다는 이유로 인생이 끝났다고 생각하거나 자기 자신의 존재를 부정하며 극단적인 선택을 하는 아이들이 바로 이런 경우예요. 자존감은 낮은데 자존심이 센 아이는 끝까지 자기 답이 맞았다고 우겨요. c와 같이 다른 사람을 탓하기도 해요. 자신의 준비나 노력, 혹은 지식이 부족했다는 사실을 인정하기 싫은 거예요. 그래서 자기가 시험을 못 봐놓고도 선생님이 문제를 어렵게 냈다, 친구들이 떠들어서 집중이 안 됐다, 하는 식으로 변명합니다.

그런가 하면 자기애가 강한 아이는 문제지를 아예 덮어버려요. "이거 안 할래요. 하기 싫어요" 하고 거부해요. 자기가 틀렸다는 사실에 너무 실망한 나머지 포기해버리는 거예요. 자기가 무슨 일이든 잘할 수 있을 거라고 믿지만, 보통은 그렇게 금방 뜻대로 되지 않거든요. 그래서 b와 c 같은 아이들은 새로운 무언가에 도전하지 않으려고 합니다. 실패할까봐 겁이 나거나 실패를 용납하지 못하는 거지요.

요즘은 인터넷에서도 자존감 체크리스트를 구할 수 있어요. 사회학 연구에서 널리 사용되는 자료는 로젠버그 자존감 척도(RSES, Rosenberg self-esteem scale)입니다. 긍정적인 내용 다섯 가지와 부정적인 내용 다섯 가지가 섞여 있는 열 가지 항목에 대해 답변한 뒤 해당 점수를 종합해서 자존감 정도를 측정해보는 것인데요. 각 항목의 점수를 모두 더했을 때 21~30점이 나왔다면 자존감이 높은 사람이고 11~20점은 보통 수준의 자존감입니다. 그보다 점수가 낮으면 자존감도 낮은 상태라고 진단할 수 있습니다.

자존감 척도 테스트

01. 대체로 나는 스스로에 대해 만족한다.
☑ 전혀아니다(0점) / ☑ 아니다(1점) / ☑ 그렇다(2점) / ☑ 매우그렇다(3점)

02. 나는 가끔 잘하는 게 아무것도 없는 것처럼 느껴진다.
☑ 전혀아니다(3점) / ☑ 아니다(2점) / ☑ 그렇다(1점) / ☑ 매우그렇다(0점)

03. 나는 장점을 많이 가지고 있다.
☑ 전혀아니다(0점) / ☑ 아니다(1점) / ☑ 그렇다(2점) / ☑ 매우그렇다(3점)

04. 나는 다른 사람들만큼 어떤 일을 잘해낼 수 있다.
☑ 전혀아니다(0점) / ☑ 아니다(1점) / ☑ 그렇다(2점) / ☑ 매우그렇다(3점)

05. 나는 스스로 자랑할 만한 것이 별로 없다.
☑ 전혀아니다(3점) / ☑ 아니다(2점) / ☑ 그렇다(1점) / ☑ 매우그렇다(0점)

06. 나는 가끔씩 내가 쓸모없다고 느낀다.
☑ 전혀아니다(3점) / ☑ 아니다(2점) / ☑ 그렇다(1점) / ☑ 매우그렇다(0점)

07. 나는 적어도 다른 사람들만큼 가치 있는 사람이다.
☑ 전혀아니다(0점) / ☑ 아니다(1점) / ☑ 그렇다(2점) / ☑ 매우그렇다(3점)

08. 나는 스스로를 좀 더 존중할 수 있으면 좋겠다.
☑ 전혀아니다(3점) / ☑ 아니다(2점) / ☑ 그렇다(1점) / ☑ 매우그렇다(0점)

09. 대체로 나는 내가 실패자라고 생각하는 경향이 있다.
☑ 전혀아니다(3점) / ☑ 아니다(2점) / ☑ 그렇다(1점) / ☑ 매우그렇다(0점)

10. 나는 나에 대해 긍정적인 태도를 가지고 있다.
☑ 전혀아니다(0점) / ☑ 아니다(1점) / ☑ 그렇다(2점) / ☑ 매우그렇다(3점)

3.

국영수보다
중요한
자존감 조기교육

넘어져도 일어서는 오뚝이의 힘

EBS 다큐프라임 〈아이의 사생활 3부-자아존중감〉 편을 보면 자존감이 아이들의 생활에 어떤 영향을 미치는지 확인할 수 있습니다. 제작진은 전문가 그룹의 도움을 받아 초등학생 126명을 대상으로 몇 가지 실험을 진행했는데요. 그 결과를 바탕으로 자존감이 높은 아이들과 낮은 아이들을 각각 여섯 명씩 뽑았어요.

두 그룹으로 나뉜 아이들을 대상으로 다섯 가지 실험이 더 진행됐습니다. 아이들의 자존감이 신체상과 자아상, 공감 능력, 성취도, 리더

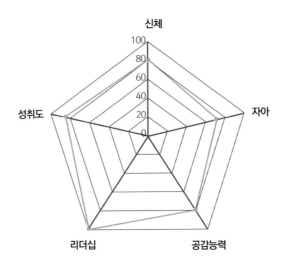

자존감은 신체상 83%, 자아상 67%, 공감능력 83%,
리더십 100%, 성취도 83% 일치율

출처 | EBS 다큐프라임 〈아이의 사생활〉

십에 어떤 영향을 미치는지 알아보기 위한 것이었지요. 그러자 아주 의미 있는 결과가 나왔습니다. 자존감이 그 모든 항목과 아주 높은 일치율을 보였거든요.

자존감이 높은 아이들은 외모를 포함한 자신의 신체에 만족감이 높은 것은 물론, 스스로에 대해 긍정적인 이미지를 가지고 있습니다. 자아상도 높아서 자신이 꿈꾸는 이상적인 자기 모습과 현실의 자기 모습이 크게 다르다고 생각하지 않아요. '다른 사람이 나를 어떻게 생각하는가'와 상관없이 스스로를 괜찮은 사람으로 받아들입니다.

자존감이 높은 아이들은 공감 능력도 높아요. 왜일까요? 자기를 존중하는 만큼 다른 사람도 존중할 줄 알거든요. '내가 이거 먹고 싶으면 저 사람도 먹고 싶겠지', '내가 갖고 싶은 물건이니까 저 사람도 갖고 싶겠지' 하는 식으로 타인의 마음을 읽기 위해 노력하는 거예요.

자존감이 높은 아이들은 모든 미션에 적극적으로 임하는 모습을 보였는데, 이는 성취도와 연관이 있습니다. 어떤 일을 하기에 앞서 자기가 잘할 수 있을 거라고 믿는 것이지요.

이런 결과를 종합해봤을 때 자존감과 리더십이 100퍼센트라는 놀라운 일치율을 보이는 것은 어쩌면 당연합니다. 스스로를 믿고, 다른 사람의 마음을 헤아릴 줄 알며, 앞장서서 문제를 해결하는 아이는 주위 친구들에게 호감과 신뢰를 얻을 수밖에 없겠지요.

반면 자존감이 낮은 아이들은 스스로에 대한 만족감부터 리더십까지 모든 영역에서 대체로 아쉬운 모습을 보였습니다. 처음 실험에 참

여했던 126명의 학생을 모두 조사한 결과, 자존감이 낮을수록 친구관계를 어려워한다거나 컴퓨터 게임에 과하게 몰입하는 경향이 있었어요. 이상적인 나와 실제 나 사이의 괴리가 크다 보니 현실을 마주하기가 괴로운 거예요. 현실의 나는 실패할 것만 같아요. 그 실패가 너무 무서워요. 그래서 자꾸 가상 세계로 도피하는 거지요.

실패는 누구나 다 경험하는 거예요. 자존감이 높은 사람이라고 해서 실패를 두려워하지 않거나 실패 후에 힘들어하지 않는 건 아니에요. 하지만 다시 툭툭 털고 일어날 수 있어요. 스스로에 대한 믿음과 주어진 상황을 헤쳐 나갈 힘이 있거든요.

심리학에서는 이 힘을 '회복탄력성'이라고 합니다. 고무공처럼 탄성을 가진 물체들이 바닥에 떨어져도 다시 튀어 오르듯 회복탄력성이 높은 사람은 역경이나 고난을 만나도 좌절하지 않고 이겨낼 수 있어요. 자존감이 높은 사람은 회복탄력성도 높아요. 그래서 저는 자존감을 '오뚝이의 힘'이라고 말합니다.

오뚝이의 힘을 가지고 있으면 실패할까봐 지레 포기하지 않아요. 실패해도 다시 하면 되니까 좀 더 자신 있게 시도해요. 그래서 자존감이 높은 아이일수록 공부를 비롯한 모든 활동에 의욕과 의지를 보이는 것입니다.

그렇다면 자존감이 아이들의 성적에도 영향을 미칠까요? 자존감과 학업성취도의 연관성에 대해 알아보겠습니다.

자존감과 성적의 상관관계

한국의 많은 어머니가 아이의 공부에 세세하게 신경 씁니다. 오죽하면 '엄마주도 학습'이라는 말까지 있을까요? 그런데 아이가 자라도 계속해서 엄마가 그렇게 끌고 갈 수는 없거든요. 엄마주도 학습에서 자기주도 학습으로 넘어가야 하는데 그게 잘되지 않아서 고민인 어머니가 참 많더라고요. 그것도 아이가 해야 하는 고민이지만 아이가 아닌 어머니들이 하고 계세요.

자기주도 학습이라는 건 자발적으로 학습 목표와 계획을 세우고 그 계획에 따라 공부하며 스스로 점검과 평가까지 하는 방식입니다. 당연한 이야기지만, 누가 시켜서 하는 공부와 본인이 필요해서 하는 공부는 능률 면에서 비교가 되지 않아요. 결국에는 스스로 공부하는 사람이 좋은 결과를 얻어요.

그런데 자기주도 학습과 자존감 사이에는 아주 밀접한 연관성이 있습니다. 미국의 영재교육 전문가 위트모어(Whitmore)의 연구 결과에 따르면 자존감이 높은 아이들은 자기주도 학습을 성공적으로 해냅니다. 자기가 잘해낼 것이라는 믿음이 있기 때문입니다.

자기주도 학습에 필요한 게 뭘까요? 높은 자율성, 성공 가능성에 대한 믿음, 목표를 달성하고자 하는 의욕과 의지, 실패해도 다시 시도하는 끈기일 거예요. 모두 다 자존감이 높은 사람의 특징입니다. 실제로 자존감이 높은 학생들은 공부하다가 슬럼프가 와도 이전에 맛보았던 성취감을 떠올리며 위기를 극복한대요. 반대로 자존감이 낮은 학생들은 자기주도 학습을 시도하지 않거나, 시도하더라도 힘들다는 생각이 들면 쉽게 포기한다고 해요. 이는 브리티시컬럼비아대학교의 아담 디 파울라(Adam Di Paula) 교수가 대학생 83명을 대상으로 조사한 결과입니다.

사실 학업뿐만 아니라 살아가면서 겪을 수 있는 어떤 문제나 똑같아요. 자존감이 낮은 사람보다 높은 사람이 더 잘 이겨냅니다. "시키면 어느 정도 했던 아이가 갑자기 공부를 아예 안 해요"라는 고민을 한다면 당장의 성적이나 진도가 아니라 아이의 자존감이 괜찮은지 걱정해야 합니다.

중요한 것은 '아이가 공부를 잘하는가'가 아니라 '아이가 새로운 지식을 습득하는 데 재미를 느끼는가' 하는 점이에요. 공부하는 아이들을 보고 있으면 어떤 아이들은 새로운 내용이 나올 때마다 흥미를 느끼고, 또 어떤 아이들은 그렇지 않아요. 오히려 부담스러워 하지요. 공부를 배움의 과정이 아닌 평가의 수단으로 느끼기 때문이에요. 성적이라는 결과가 무척 중요한 한국의 교육 환경에서는 아이들이 위축되기 쉽습니다. 그럴수록 부모님들이 아이의 자존감에 관심을 기울이셨으면 좋겠어요.

아이들이 부모님에게서 가장 듣기 싫어 하는 말이 "공부해!"라고 해요. 그렇다면 아이들은 어떤 말을 듣고 싶은 걸까요? 2017년에 교육 정보 사이트 진학사에서 고등학생 480명을 대상으로 설문을 진행한 결과, 아이들이 부모님께 가장 듣고 싶어 하는 말 1위는 "실수해도 괜찮아"였습니다. 뒤이어 "우린 항상 너를 믿는다", "다 잘될 거야", "사랑한다"가 2위에서 4위를 차지했어요.

저는 이 설문 결과를 보고 깜짝 놀랐어요. 하버드대 학생들이 부모님에게 가장 많이 듣는 말이 바로 "Everything is going to be OK(다 괜찮을 거야)"거든요. 자존감이 높은 학생들에게 어릴 때 부모님이 어떤 말씀을 많이 하셨느냐고 물어보면 마치 약속한 것처럼 똑같은 대답을 했습니다. 시험을 망치거나 친구와 갈등이 생겨 괴로울 때, 중요한 일을 앞두고 걱정할 때, 부모님들은 항상 다 괜찮다고, 괜찮아질 거라고 말씀하셨대요. 마치 주문 같은 그 말은 아이들이 자라는 내내 힘이 되어줬을 것입니다.

실망스런 성적표 앞에서 가장 괴로운 사람은 아이 자신일 거예요. "점수가 이게 뭐니?", "공부를 그렇게 안 하더니 잘~한다!", "앞으로 어떡할래?" 이런 말로 아이에게 더 큰 상처를 주기보다는 "다 괜찮을 거야"라고 격려해주세요. 아이들은 오뚝이처럼 다시 일어날 힘을 얻게 될 것입니다.

0.1%의 비밀

자존감은 타고나는 게 아니다

자존감이 높은 사람의 특징을 세 가지로 정리해보자면 첫째, 어떠한 상황에서도 나 스스로를 믿고 주어진 환경을 잘 이겨나가요. 두 번째로, 언제나 한결같이 자신을 존중하는 힘이 있어요. 자존감이 높은 사람은 어떤 일을 잘하든 못하든 상관없이 자기 자신을 수용해요. 누구나 완벽하지 않잖아요. 저도 못하는 게 굉장히 많아요. 하지만 그것도 나의 일부분이기 때문에 고칠 점은 고치고 부족한 점은 채우고자 노력하면서 "괜찮아, 이게 나야" 하고 받아들여요. 그게 바로 자존감의 힘이에요.

마지막으로, 자존감이 높은 사람은 자기 자신을 긍정해요. 스스로에 대한 부정적인 생각은 자존감이 낮은 사람들의 특징입니다. '나는 잘하는 게 하나도 없어', '뭘 해도 안 될 거야', '난 정말 쓸모없는 인간이야'라면서 자꾸 자기 자신을 깎아내려요. 대체 왜 이런 생각을 하게 된 걸까요? 자존감이 낮은 사람들은 태어날 때부터 그랬을까요?

태어날 때부터 높은 자존감을 가지고 있다면 좋겠지만, 자존감은 선천적인 것이 아닙니다. 발달과학자들의 연구에 따르면 자존감 면에 있어서 갓난아기들은 빈 칠판과 같다고 해요. 자존감은 아이가 세상에 나와 곁에 있는 사람들, 특히 부모와 조부모, 교사처럼 중요한 타인들과 상호작용을 하면서 만들어집니다.

아이들이 하는 말을 가만히 들어보면 자존감이 어느 정도인지 알 수 있어요. 열심히 만든 모래성이 무너졌을 때 더 단단하게 만들 방법을 궁리하는 아이들이 있는가 하면, "이럴 줄 알았어" 하는 아이들이 있어요. 그런데 아이의 말이 어쩐지 익숙하게 들리지 않으세요? 실수를 하거나 잘못을 저지른 아이에게 "그럴 줄 알았어" 하는 부모도 있어요. '잘되지 않을 게 뻔하다'는 부정적인 암시를 심어주는 말이에요. 그런 말을 듣고 자란 아이들은 정말로 자기가 어떤 일을 잘해낼 수 없을 거라고 생각해요. 그 생각을 당연하게 여깁니다.

아이들은 엄마아빠에게 들은 말을 자기 자신에게 그대로 합니다. 엄마아빠에게 대접받은 그대로 자기 자신을 대접해요. 부모님들 입장에서는 피곤할 수 있어요. 아이 앞에서는 찬물도 못 마신다는 옛날 어른들 말씀처럼 말 한마디, 행동 하나 함부로 할 수가 없으니까요. 그런데 어떻게 보면 굉장히 희망적인 이야기이기도 해요. 부모님이 어떻게 하느냐에 따라 아이 자존감이 높아질 수 있다는 뜻이잖아요. 자존감은 100퍼센트 후천적인 것입니다. 아이가 자라면서 채워지는 것이고, 따라서 부모님들이 얼마든지 채워줄 수 있어요.

다만 여러 학자들의 연구에 따르면 아이의 자존감에 특히 신경을 써야 하는 시기가 따로 있습니다. 부모와의 애착관계가 아이의 자존감에 큰 영향을 미치기 때문인데요. 세상에 갓 태어난 아기는 엄마와의 애착관계가 잘 형성이 되어야 자존감을 갖게 된다고 합니다.

헝가리 출신의 의사이자 심리학자인 마거릿 말러(Margaret Mahler)는 '대상관계 이론'으로 유명합니다. 이 이론에 따르면 세상에 태어난 아

0.1%의 비밀

기는 탯줄이 끊어졌음에도 자신을 엄마의 일부라고 느껴요. 본인과 타인의 개념도 없어요. 졸리거나 배고프다거나 하는 욕구만 있는 거죠.

아기들은 뭔가 필요한 게 있으면 막 울어요. 우는 것 말고는 표현할 방법이 없으니까요. 그러면 주변에 있는 어른들이 아기를 돌봐줍니다. 아기가 원하는 게 무엇인지 판단하고 해결해주는 거지요. 어른들이 아기의 욕구에 금방 반응을 하면 아기는 자신이 사랑받고 있음을 느껴요. 그런데 아무리 울어도 어른들이 오지 않으면 아기도 좌절이라는 감정을 겪습니다. 그런 일이 반복되면 애착이 불안정해지는 거지요.

우리는 이 시기를 기억하지 못하지만, 사실 모든 인간은 태어나자마자 엄마와 애착을 쌓아가기 시작합니다. 미국의 정신분석학자 에릭슨(Erickson)은 사람의 자아가 발달하는 과정을 총 8단계로 나누었는데요. 우리가 주목해야 할 시기는 1~3단계에 해당하는 7세 이전입니다.

18개월 이전까지의 아이들은 마거릿 말러가 이야기했던 것처럼 엄마가 자신에게 어떻게 반응하느냐에 따라서 신뢰와 불신을 배웁니다. 엄마에게 신뢰감을 느끼면 자신을 둘러싼 세상 자체를 믿을 만한 것으로 인식해요. 그렇지 못한 경우에는 세상과 타인을 불신하는 마음이 생기는 것이고요.

3~5세의 아이들은 스스로 걷고, 먹고, 말하는 등 새로운 기술을 습득하면서 자율성을 획득합니다. 자율성이 커지면 자존감도 높아지지만, 자기가 하고자 하는 것들이 마음먹은 대로 되지 않을 때는 수치심을 느끼기도 해요. 수치심을 느끼면 자신감이 줄어들고 자기 능력을

믿지 못하게 되겠지요.

5~7세 아이들은 "내가 할래!"라는 말을 입에 달고 살아요. 무엇이든 혼자 힘으로 해보려고 합니다. 호기심도 왕성해져서 끊임없이 "왜?"라고 묻기도 하는데요. 이때 아이들의 질문을 무시하지 않고 긍정적인 반응을 보이면 아이들의 자존감도 높아집니다.

유아기 자존감이 평생을 좌우한다

세상에 태어난 아이는 엄마아빠와 보내는 시간이 절대적으로 많습니다. 그 외에도 형제자매나 조부모님처럼 주로 자신에게 호의적인 사람들과 지내요. 그러다가 어린이집이나 유치원에 가면 선생님과 친구들처럼 가족이 아닌 사람들을 만나게 됩니다. 나이가 들수록 아이는 점점 더 큰 세상을 맞닥뜨리지요.

아이를 처음 학교에 보내는 부모님들은 걱정을 많이 하세요. 초등학교에 입학한 아이는 이전과 아주 다른 낯선 세상에 놓이거든요. 학교는 더 이상 아이들을 아기 취급하지 않아요. 지켜야 할 규칙도 많고, 새 친구도 사귀어야 해요. 정해진 수업을 들어야 하는 것은 물론, 학습 태도나 결과에 대한 평가가 시작됩니다. 환경이 변하고, 의무가 생기는 거예요. 아이들에게는 굉장히 큰 스트레스입니다. 아이가 그 이전에 얼마나 자존감을 잘 쌓았느냐에 따라 학교생활은 즐거울 수도, 괴로울 수도 있어요.

7세까지 엄마 아빠와 건강한 애착관계를 형성한 아이들은 자존감의 바탕을 탄탄하게 다졌다고 할 수 있습니다. 높은 자존감은 새로운 생활에 적응하는 데 큰 도움이 돼요. 자존감이 특히 빛을 발하는 순간은 아이가 다양한 문제를 맞닥뜨렸을 때입니다. 공부가 너무 힘들어서 좌절할 수도 있고, 친구 때문에 마음의 상처를 입을 수도 있어요. 하지만 자존감이 높은 아이들은 어떻게든 방법을 찾아요. 혼자 해결할 수 없는 수준의 문제라는 판단이 들면 부모님이나 선생님에게 도움을 요청해요. 문제를 외면하고 회피하거나 무작정 타인에게 의존하는 대신 적극적으로 해결하려고 하는 거예요.

사춘기라는 거친 풍랑 속에서 흔들리더라도 자존감이 높으면 무사히 자기 자리로 돌아와요. 하지만 자존감이 낮으면 한없이 휩쓸려가기 쉬워요. 사춘기 자녀를 키우는 분들은 아이가 너무 변했다고 느껴요. 기존의 질서나 어른들에 대한 반항심과 적개심이 커지는 때라고는 하지만 그게 지나친 아이들이 있어요. 발달심리학자 도넬란(Donnellan)이 연구한 결과, 사춘기 아이들의 공격성은 낮은 자존감과 연결되어 있다고 해요.

넓은 세상으로 나간 아이들 앞에는 수많은 바윗덩이들이 놓여 있습니다. 그 바윗덩이를 다 치워내서 평탄한 길을 만들어주고 싶은 것이 부모 마음이지만, 아이들이 꽃길만 걸을 수는 없어요. 크고 작은 고비는 계속 찾아옵니다. 우리 아이들 또한 살면서 많은 실패를 경험할 거예요. 그때마다 누군가가 나서서 해결해줄 수는 없어요. 부모님이 할 수 있는 건 아이들이 평생 단단하게 살아갈 수 있도록 자존감을 키워주는 것뿐이에요.

요즘 선생님들은 학부모 연락을 많이 받는대요. '선생님, 저희 아이가 어제 어디 다녀오느라고 숙제를 미처 못 했어요. 제가 하지 말라고 한 거니까 그냥 넘어가주세요', '어제 아이가 실수를 해서 혼이 났다며 너무 속상해해요. 좀 달래주시면 안 될까요?' 놀라운 점은, 이게 유치원이나 초등학교 저학년 아이들 이야기가 아니라는 사실이에요. 중학교, 고등학교 선생님들에게도 이런 요청을 한다고 합니다. 심하게 표현하면 이런 부모님들은 아이의 팔다리를 자르고 있는 것과 같아요. 아이로 하여금 아무것도 할 수 없게끔 만들고 있어요. 아이 자존감을 생각한다면 절대 해서는 안 되는 일이거든요.

자존감의 중요성을 뒤늦게 깨달은 부모님들은 "교수님, 우리 아이는 고등학생인데 이미 늦은 건가요?" 하고 다급하게 물으세요. 물론 늦었다고 해서 안 되는 것은 아니에요. 다만 부모님이 더 많은 시간과 노력을 투자해야 하겠지요. 유아기의 자존감은 아이 인생의 첫 단추예요. 첫 단추를 잘못 끼우면 다른 단추도 계속 어긋나버려요. 그러면 이미 채운 단추를 다 풀고 다시 처음부터 끼워야 해요. 다른 방법이 없습니다. 어떻게 보면 번거롭고 힘든 과정일 수 있지만 그걸 감수해야 할 만큼 아이의 자존감은 중요합니다.

많은 부모님이 아이가 어릴 때부터 교육 계획을 세웁니다. 영어는 언제 시작할지, 독서록은 어떻게 하며 수학은 어느 정도 선행할지 고민하세요. 예체능 교육에도 관심이 많습니다. 다 필요한 공부이고, 중요한 공부예요. 하지만 가장 우선해야 할 것은 국영수도, 예체능도 아닌 자존감 교육임을 강조하고 싶어요. 지금 우리 아이의 자존감이 12년 학창생활은 물론, 평생을 좌우합니다.

4.

자존감 높은
아이가
미래 인재로 자란다

세상이 변하고 있다

처음부터 아이에게 공부를 강요하겠다고 마음먹는 부모는 없을 거예요. 그런데 확고하던 양육철학도 아이가 학교에 가고 시험을 보면서 다른 아이들과 경쟁하게 되는 순간 한없이 흔들리고 맙니다. 무시무시한 경쟁의 바다에 아이를 밀어 넣고 싶지 않지만 가만히 있다가는 우리 아이만 뒤처질 것 같거든요. 내 아이를 다른 아이와 비교하다 보면 자꾸 불안해져요. 옆집 누구는 벌써 세 자리 연산을 한대요. 같은 반의 누구는 영어를 술술 읽는대요. 그걸 쫓아가야 하니까 아이를 놀게 할 시간이 없대요. 해마다 수능이 끝나면 자신의 성적을 비관해서 자살하는 학생들의 소식을 듣게 됩니다. 너무나 안타까운 일이에요. 부모님들은 다 알고 있을 거예요. 서른, 마흔, 쉰이 되도록 살아보니 어떻던가요? 수능을 망친다고 해서 반드시 불행해지는 것도 아니고, 수능을 잘본다고 해서 반드시 행복하게 사는 것도 아니잖아요. 어쩌면 그렇기 때문에 인생이 더 힘든 것인지도 몰라요. 좋은 성적이나 직업, 넉넉한 재산과 높은 지위가 행복을 보장해준다면 어떻게 해서든 그것만 얻으면 됩니다. 그런데 현실은 그렇지 않거든요.

통계청의 경제활동인구조사에 따르면 2020년 4월 청년실업률은 9.3퍼센트라고 해요. 하지만 전문가들은 실질 실업률이 그보다 두 배 이상 높을 것으로 보고 있습니다. 아르바이트생은 물론이고 엄청난 숫자의 고시생과 취업준비생들은 실업자 통계에 들어가 있지 않거든요.

그러니까 사실은 조사 결과보다 훨씬 많은 수의 청년들이 일을 못 하고 있는 거예요.

부모님들의 불안감을 증폭시키는 요인이 하나 더 있어요. 미래 사회의 모습을 짐작하기가 어렵다는 점이에요. 세상은 빠르게 변화하고 있습니다. 4차 산업혁명이라는 말 많이 들어보셨죠? 세계 각국의 정재계 인사들이 모여 경제문제를 연구하고 논의하는 다보스포럼에서는 4차 산업혁명이 이미 시작됐다고 이야기합니다. 하버드대학교에서도 4차 산업혁명에 걸맞은 형태로 교육 모델을 바꾸고 있어요. 전문가들은 인공지능과 사물인터넷 등 새로운 기술이 세상을 지배할 거라고 해요. 그러면서 수많은 일자리가 사라질 거래요. 일부는 그로 인해 대량실업이 발생할 수도 있다고 경고하고 있어요.

세상이 달라진다고 하니까 부모님들은 또다시 초조해져요. 달라진 세상을 살아가야 할 우리 아이들을 어떻게 키워야 할지, 무엇을 가르쳐야 할지 갈피를 잡을 수가 없다고 하는 분들이 참 많아요. 이때를 틈타 수많은 교육기관은 아이들을 4차 산업혁명 시대에 필요한 미래 인재로 키우겠다고 나서고 있습니다. 코딩 교육 열풍이 불고, 창의융합 사고력을 키워준다는 교구와 학원도 등장했다고 해요.

이런 상황에서 우리가 아이들에게 해줄 수 있는 게 무엇일까요? 여전히 공부가 가장 안전한 길일까요? 우스갯소리처럼 열심히 돈을 벌어서 건물이라도 하나 남겨줘야 하는 걸까요? 도대체 어떻게 키워야 아이를 '잘' 키우는 것일까요?

0.1%의 비밀

새로운 역량을 요구하는 사회

2018년 2월, 한국고용정보원에서는 미래 사회 일자리를 전망하며 유망 직업 열 가지를 꼽았습니다.

직업명	이유	관련기술
사물인터넷 전문가	사물인터넷 기술을 활용하기 위해 관련 프로세스를 세팅할 DB 및 통신 전문가의 수요 증가	무선통신 프로그램 개발 등
인공지능 전문가	4차 산업혁명에서 중요한 요소를 차지하고 있는 인공지능의 구현 프로그램과 알고리즘을 개발하는 사람의 수요는 지속적으로 증가할 예정	인공지능 딥러닝
빅데이터 전문가	데이터 분석을 통한 패턴 확인 및 미래 예측에 주요한 빅데이터를 구축, 분석하는 직업은 인공지능 구현에 필수적인 요소	빅데이터
가상(증강) 현실 전문가	가상(증강)현실은 게임, 교육, 마케팅 등에서 널리 사용되고 있으며, 새로운 콘텐츠 생산의 베이스가 될 기술로 많은 일자리 창출이 기대되는 직업	가상(증강)현실
3D 프린팅 전문가	3D 프린터의 속도와 재료 문제가 해결되면 제조업의 핵심을 유도할 것으로 기대된다. 다양한 영역에서 3D 프린팅을 위한 모델링 수요의 증가를 기대	3D 프린팅
드론 전문가	드론의 적용 분야가 계속해서 다양해지고 있음	드론
생명공학자	IT와 NT가 융합되어 새로운 기술이 탄생하고 있음	생명공학 IT
정보보호 전문가	사물인터넷, 모바일, 클라우드 시스템 등 정보보안 강화 필요	보안
응용소프트웨어 개발자	온오프라인 연계, 다양한 산업과 ICT 융합, 공유경제 등 새로운 사업 분야의 소프트웨어 개발 필요성 증가	ICT
로봇공학자	스마트 공장을 위한 산업 로봇뿐 아니라 교육, 판매, 엔터테인먼트, 개인서비스 등 다양한 분야의 로봇 수요 확대	기계공학 재료공학 컴퓨터공학 인공지능 등

출처 | 한국고용정보원, 4차 산업혁명 미래 일자리 전망, 2018. 2

유망 직업 목록을 보면 아직은 생소하게 느껴지는 직업이 많습니다. 부모님들에게는 더 그럴 거예요. 사실 이런 변화에는 부모님들보다 아이들이 더 민감해요. 컴퓨터나 스마트폰만 해도 아이들이 더 잘 다루고 폭넓게 활용하거든요. 그러니까 우리 세대가 자랐던 시절을 생각하면서 점수, 등수 같은 것만 신경 쓰기보다는 아이들이 살아갈 미래에 맞춘 진로 교육을 할 필요성이 있습니다.

공부를 잘하면 취업도, 성공도 프리패스였던 시절이 있기는 했습니다. 그런데 지금은, 그리고 미래 사회는 그렇지 않아요. 미래는 지금보다 더 복잡하고 다양한 가치가 혼재할 것입니다. 나와 다른 생각을 이해하고, 타인과 소통하며, 입체적으로 생각할 줄 아는 사람이 유리할 수밖에 없어요.

게다가 세상은 점점 더 좁아지고 있습니다. 다른 나라를 오가는 일이 다른 지역을 오가는 것과 크게 다르지 않습니다. 앞으로 우리 아이들의 활동 범위는 대한민국이 아니라 세계가 될 거예요. SKY만 나와라, 대기업에 들어가라, 공무원 해라, 하는 건 좁은 생각일 수 있어요. 이 나라에서만 잘하고, 이 나라에서만 잘되는 아이가 아니라 어디에서나 영향력을 가진 아이로 키워야 하지 않을까요?

아이의 꿈이 사실은 부모님의 꿈인 경우가 있어요. 특히 어린아이들의 장래희망은 알고 보면 부모가 바라는 직업일 때가 많습니다. "엄마는 우리 ○○이가 의사만 되면 소원이 없겠다", "우리 집안에도 판검사 한 명은 있어야지", "아무리 그래도 안정적인 직업이 최고야" 하는

　　　　　　　　　　　　　　　　　　　0.1%의 비밀

식으로 어릴 때부터 은근히 주입하는 거지요.

현재 사람들이 선호하는 직업이 나중에는 별로 인기가 없을 수도 있어요. 반대로 '대체 무슨 일을 한다는 거지?' 싶은 직업이 각광받게 될지도 모릅니다. 아이에게 특정한 직업을 권하기보다는 열린 마음으로 주위를 바라보고 탐구할 수 있도록 도와야 해요. 고개를 숙이고 공부하라는 말 대신 넓은 세상을 보도록 독려하면 아이의 그릇도 덩달아 커질 것입니다.

부모님들은 자녀가 인재로 크길 바라세요. 인재(人材)란 사회가 필요로 하는 일정한 역량과 재능을 갖춘 사람을 뜻합니다. 따라서 세상이 어떻게 변하느냐에 따라 인재상도 달라질 수밖에 없어요. 옛날에는 근면하고 성실한 사람이 최고의 인재였어요. 남보다 부지런히 일하고 아끼고 저축하면 어느 정도 성공할 수 있는 세상이기도 했습니다.

그런데 요즘 기업들은 그런 사람을 좋아하지 않아요. 시키는 일만 우직하게 하기를 원하지도 않습니다. 오히려 기존의 사고방식을 뛰어넘어 독특한 아이디어를 낼 줄 아는 사람을 선호해요. 시대에 맞춰 새로운 역량을 요구하는 거지요.

다보스포럼에서는 새로운 사회를 살아갈 이들에게 필요한 열여섯 가지 스킬을 소개했습니다. 이 스킬은 기초소양과 역량, 성격적 특성으로 나눌 수 있어요. 기초소양에는 문해력, 산술능력, 과학적 소양, ICT 소양, 금융 소양, 문화시민 소양이 포함됩니다. 역량은 비판적 사고와 문제해결 능력, 창의력, 소통 능력, 협업 능력까지 네 가지이고요.

마지막으로 호기심과 진취성, 지구력, 적응력, 리더십, 그리고 사회문화적 의식을 성격적 특성으로 꼽았습니다. 즉, 언어부터 문화까지 여러 분야에 관한 기초적인 소양을 바탕으로 창의적인 사고를 하며, 뛰어난 적응력과 리더십을 발휘해야 한다는 거예요.

미래 사회가 요구하는 능력을 쭉 훑어보니까 어떤 생각이 드세요? 맞습니다. 전부 자존감이 높은 사람에게서 찾아볼 수 있는 자질이에요. 미래 인재를 논할 때 자존감을 빼놓을 수 없는 이유입니다.

미래사회는 균형 잡힌 인재를 원한다

'미래사회가 원하는 인재란 이런 사람이구나' 싶은 인물이 있어서 소개해보려고 합니다. 티모시 황(Timothy Taeil Hwang)이라는 사람인데 한국계 미국인이에요. 이름을 들어보신 분도 계실 거예요. 유명한 경제 전문지 〈포브스(Forbes)〉는 티모시 황을 '2016년 30세 이하 지도자'로 선정했고요, 2014년 베데스다 월간지에서는 '차세대 빌게이츠'라고 칭하기도 했습니다. 그야말로 세계가 주목하는 청년이라고 할 수 있지요.

티모시 황의 성장 과정에는 역시 0.1퍼센트의 비밀이 숨어 있었습니다. 티모시 황은 평범한 학생이 아니었어요. 성인이 되기도 전에 과테말라로 선교를 다녀오기도 했거든요. 부모님은 낯선 나라에 다녀온

아들에게 굉장히 중요한 질문을 던졌다고 해요. "그곳에서 무엇을 느꼈니?" 하고 소감을 물어본 거예요. 무언가를 가르치려고 하기보다는 아이가 직접 생각하고 느끼게끔 하는 분들이었던 것 같아요. 그러면 아이는 자기가 하는 일에 어떤 의미가 있는지 찾게 되거든요.

이런 배경을 알고 나면 티모시 황이 중학생 시절에 과외 사업을 하고, 고등학생 시절에 비영리 재단을 세운 것도 그다지 놀랄 만한 일은 아니라는 생각이 들어요. 과외 사업은 친구 부모님들이 고액 과외비 때문에 힘들어하는 모습을 보고 시작했다고 해요. '상급생이 자기와 같은 수업을 듣는 후배를 가르쳐주면 어떨까' 하고 생각한 거예요. 학부모는 과외비 부담을 덜고 공부를 가르치는 학생은 용돈을 벌 수 있는 거지요.

비영리 재단 '오퍼레이션 플라이(Operation Fly)'는 사업을 통해 벌어들인 돈으로 노숙자를 돕기 위해 세운 것이었습니다. 티모시 황의 활동은 점점 유명해졌어요. 2008년에는 오바마 대선 후보 캠프의 요청으로 자원봉사자를 관리하는 일을 하기도 했습니다. 대학에 가서는 '피스컬노트'라는 벤처기업을 만들고, 엄청난 액수의 투자를 유치했어요. 티모시 황은 계속해서 새로운 일에 도전 중입니다.

티모시 황은 "내가 어떻게 하면 이 사회에 긍정적인 영향을 줄 수 있을지 늘 생각한다"라고 말했어요. 이 말을 들었을 때 제 머릿속 전구에 불이 번쩍 켜지는 느낌이 들었어요.

의사가 되고 싶다는 어떤 아이가 "빨리 돈 벌어서 은퇴하고 편하게 살 거예요"라고 말하는 걸 들은 적이 있어요. "아픈데 도움을 받지 못하는 환자를 치료해주고 싶어요"라고 하는 아이도 있었어요. 똑같이 의사를 꿈꾸지만 차이가 있지요. 굉장히 중요한 차이점이에요. 이런 목적의식이 공부를 대하는 태도, 인생을 대하는 태도를 결정하거든요.

자존감이 높은 아이들은 어느 한 부분만 건강한 게 아니에요. 지적(Intellectual)인 부분만이 아니라 육체적(Physical), 사회적(Social), 도덕적(Moral), 감정적(Emotional), 영적(Spiritual)인 부분까지 고르게 발달해요. 이것을 '완전한 나(Healthy I)'라고 합니다. 이게 무슨 말일까요?

인생이라는 게 밥 먹고 숨 쉬는 걸로 끝나는 건 아니에요. 스스로 발전을 도모해야 해요. 건강을 관리할 줄 알고, 감정을 조절할 줄 알아야 합니다. 도덕성과 사회성도 갖추어야 해요. 자존감이 높으면 영적인 정체성도 뚜렷합니다. 영적이라는 건 종교 개념이 아니에요. 내가 왜 사는지, 무엇을 추구하고 나아가는지 확연히 아는 것을 뜻해요.

하버드대학교 학생들이 참 멋져 보일 때가 있어요. 누가 시키지 않아도 다들 공부를 하려고 하는 그런 분위기가 있거든요. 공부가 재미있다는 학생들이 많아요. 그게 신기해서 한 학생에게 이유를 물어봤더니 이런 대답을 하더라고요.

"제가 공부할 때는 설명이 부족한 부분들이 많았어요. 이 부분을 빨리 채워두고 싶어요. 나중에 같은 공부를 할 아이들은 저처럼 고생하지 않도록 말이에요."

동기부여가 안 되면 공부가 너무 재미없어요. 하지만 목적의식이 있

0.1%의 비밀

으면 공부에 임하는 자세가 달라져요. 공부를 즐겁게 하는 학생들에게는 공부를 왜 하는가에 대한 나름의 답이 다 있어요.

요즘에는 똑똑한 아이들이 정말 많습니다. 정보가 넘치는 세상이거든요. 하지만 아무리 많은 지식을 가지고 있어도 아무런 의미를 추구하지 않는다면 나아갈 방향을 잃고 말아요. 도덕성이 부족하니까 높은 지능이나 재능을 엉뚱하게 사용하는 거예요.

사회성이 부족해도 기껏 갈고닦은 재능을 발휘할 수가 없어요. 명문대를 나왔는데 어떤 직장에서도 적응하지 못하는 사람, 능력 자체는 좋은데 인간관계가 엉망인 사람, 이런 사람들이 생각보다 많습니다. 따라서 아이가 어릴 때부터 모든 부분이 고루 성장할 수 있도록 도와주셔야 합니다.

기술이 발달할수록 인간은 소외되기 쉽습니다. 하지만 달리 생각하면 그 변화를 이끌어가는 것도 바로 인간이거든요. 미래사회가 어떻게 변하든 그 중심에는 사람이 있을 거예요. 자존감이 높은 아이들은 어떤 환경에서도 자신의 자리를 찾아내고, 이 사회를 의미 있게 채워나갈 것입니다. 이런 사람이 바로 미래 인재겠지요. 우리 아이들을 미래 인재로 키워나가는 일, 우리는 반드시 할 수 있습니다.

2

0.1% SECRET

학교는
가르치지 않는 자존감,
부모에게 달렸다

1.

아이와
나 사이의
'갭'부터
인정하자

한국 부모들은 왜 그런가요?

가끔 미국인 선생님들이 제게 조언을 구할 때가 있어요. 한번은 어떤 분이 "교수님, 저 좀 도와주세요. 정말 이해가 안 되는 일이 있었는데, 저한테 설명을 좀 해주세요" 하면서 저를 찾아오셨어요. 그분이 가르치는 학생들 중에 한국인이 있는데, 수업 태도도 좋고 공부도 참 잘하는 아이래요. 그래서 아이 어머니를 학교에 초대했다고 해요. 아이가 너무 잘하니까 어머니께 아이 칭찬을 하고 싶었던 거죠.

선생님은 그 어머니 앞에서 입이 마르도록 아이를 칭찬했습니다. 아이가 이런 걸 열심히 하고, 저런 면에서 뛰어나고, 선생님으로서 정말 자랑스럽고…… 이렇게 이야기를 했는데, 아이 어머니 반응이 너무 이상하더래요. "아니에요, 선생님. 저희 아이는 아직 영어도 잘 못하고, 부족한 과목이 많아요. 더 노력해야지요" 하면서 자꾸만 아이를 깎아내리더라는 거예요.

그분은 아이의 자존감을 중시하지 않는 한국 부모님들이 이해가 되지 않는다고 했지만, 여러분은 그 상황을 이해할 수 있을 거예요. 저는 그 선생님에게 설명해드렸습니다.

"충분히 오해할 수 있지만, 아마 선생님이 보지 못한 장면도 있을 거예요."

그 어머니는 선생님과 헤어지고 나서 어떻게 했을까요? 아이와 함께 복도를 걸어가면서 뿌듯한 표정으로 아이의 등을 두드려줬을 거예요. 그러면서 또 누구한테 전화를 했을까요? 아이 아빠에게 바로 전화를 했겠지요. "여보, 여보! 세상에, 선생님이 그러시는데, 우리 ○○이가 학교에서 그렇게 잘한대!" 하면서 너무 좋아하셨을 겁니다.

한국 부모님이라고 해서 아이가 자랑스럽지 않을까요? 그건 아니거든요. 다만 남들 앞에서 대놓고 말하지 않는 것뿐이에요. 이건 문화의 차이입니다. 우리는 겸손이 미덕이라고 배웠어요. 자신감도 자만으로 비칠까 조심합니다. 누군가 나를 칭찬하면 고맙다고 하기보다는 "아이고, 아닙니다" 하고 손사래부터 쳐요. 옛 어른들은 아이에 대한 애정을 너무 드러내는 것도 우스운 일이라고 해서 자식 자랑은 팔불출이라는 말까지 있을 정도입니다.

놀라운 사실은 부모와 자녀 사이에도 이런 차이가 존재한다는 거예요. 우리 아이들은요, 부모 세대와 정말 많이 달라요. 부모님들의 가장 큰 착각 중 하나가 아이들이 한국 문화에 익숙하다고 생각하는 거예요. 그런데 한국의 전통적인 사고방식은 아이들에게 낯설어요. 우리 자녀들에게는 오히려 서구 문화가 익숙합니다. 그러다 보니까 저를 찾아왔던 미국 선생님과 같은 생각을 해요. '왜 우리 엄마 아빠는 다른 사람 앞에서 창피하게 내 단점만 얘기하지?' 하고 느끼는 거예요.

"요즘 애들을 도저히 이해할 수가 없어요. 저희가 클 때랑은 너무 달라요."

부모님들이 자주 하시는 말씀이에요. 그럴 수밖에 없어요. 한 집에 살면서도 전혀 다른 문화를 가지고 있으니까요. 세대가 다르면 문화가

0.1%의 비밀

다르고, 그 문화의 차이가 세대 차이를 불러옵니다. 세대 간의 차이는 당연한 거예요. 다만 그 차이가 갈등이 되어서는 안 되겠지요.

부모세대의 방식만 고집하면서 "나는 최선을 다했는데 너는 그걸 왜 모르니?"라고 한다면 오해만 쌓입니다. 아이를 오해하다 보면 자꾸 혼내게 돼요. 아이도 부모의 진심을 알 수 없고, 부모도 아이의 진심을 받아들이지 못할 수 있어요. 그러니까 여러 나라가 문화 교류를 하듯이 아이와 계속해서 소통을 해야 합니다. 우리 세대의 문화를 가르쳐주고, 아이 세대의 문화를 공부해야 해요.

아이를 잘 이해해야 아이에게 알맞은 양육을 할 수 있어요. 누가 옳고 그른지 따지기보다는 일단 서로 다르다는 점을 인식하셨으면 좋겠어요. '나는 맞고 너는 틀려' 하는 태도는 분열만 불러오거든요. 다름을 인정하고 나면 아이와의 관계가 한결 쉬워질 것입니다.

'눈'보다 '입'이 중요한 세대

저도 아이를 키우고 있지만, 가끔은 다른 세상에서 사는 존재 같다는 생각이 들기도 합니다. 일단 언어부터 달라요. 아이들이 쓰는 말, 다 알아듣지 못하시죠? 십대들이 즐겨 쓰는 말인 '십대어'가 따로 있을 정도예요. 가족보다 또래집단과 어울리는 시간이 더 많은 아이들이거든요. 요즘 아이들은 통화보다 문자를 편하게 여기고, 그 문자마저 최대한 간소화해서 초성만 쓰거나 이모티콘으로 대체합니다. 이모티콘도 어른들이 쓰는 것과 모양이 달라요.

  ^^ *^^* - -;; @.@ ㅠㅠ

    우리 세대에게 익숙한 이모티콘들이에요. 어떤 뜻인지 다 아시겠죠? 웃고, 실망하고, 놀라고, 우는 표정들입니다. 그런데 전부 다른 표정임에도 한 가지 공통점이 있어요. 바로 입이 없다는 거예요. 눈으로만 감정을 표현한다는 것이죠. 이런 표현 방식은 굉장히 한국적인 거예요.

    저희 아버지는 참 좋은 분이셨지만 성격은 그 시절 대부분의 한국 아버지들과 같았어요. 말씀이 별로 없으셨고, 재미있는 일이 있어도 크게 반응하지는 않으셨어요. 한번은 저희 아버지께서 저랑 아이를 차에 태우고 운전을 해주셨어요. 그런데 저희 아이가 굉장히 코믹해요. 그날도 뒷자리에서 저랑 둘이 막 웃고 있었는데, 운전석은 조용한 거예요.

    그런데 그 순간, 제가 백미러를 봤어요. 백미러에 비친 저희 아버지의 눈은 두 번째 이모티콘 모양과 똑같았습니다. 아버지는 말 그대로 '겁나게' 웃고 계셨어요. 다만 아무 소리 없이 눈으로만 웃고 계셨던 거예요. 이게 우리 세대의 문화예요. 괴로워도 슬퍼도 티를 많이 내지 않아요. 즐거워도 보통 눈으로만 웃어요. 한마디로 서로의 감정을 눈

    0.1%의 비밀

치껏 알아챌 수밖에 없어요.

:-) :-(:D :P :X

이건 우리 아이들이 쓰는 이모티콘이에요. 잘 모르겠다 하시는 분들은 옆으로 보시면 돼요. 눈과 코, 입이 보이죠? 아까 보여드린 이모티콘과 달리 눈은 별다른 역할을 하지 않아요. 어느 표정에서나 똑같습니다. 반면에 입이 중요해요. 기쁘면 입을 크게 벌려 웃고, 화가 나면 입 모양이 가위표가 돼요.

이 이모티콘들은 사실 서구인들이 써온 것들이에요. 감정 표현을 금기시하지 않는 문화를 잘 보여주지요. 서구 문화에서는 기쁨과 슬픔, 분노를 적절히 드러내는 게 자연스러워요. 아이들에게도 그렇게 하라고 권합니다. "울고 싶으면 울어도 돼"라거나 "힘든 일이 있으면 언제든 이야기해"라고 말해요.

우리는 어땠나요? "사내자식이 왜 울고 그래?", "그렇게 참을성이 없어서 어떻게 하니?" 이런 말들을 듣고 자랐어요. 집에서든 밖에서든 감정을 있는 그대로 드러내는 것은 성숙하지 못하다고 교육받았거든요.

하지만 앞서 말했듯 요즘 아이들은 서구적인 사고방식을 가지고 있어요. 그냥 있는 그대로 말합니다. "저는 그렇게 생각하지 않아요", "지난번에 했던 말씀이랑 다르잖아요" 하고 다 이야기해요. 아이들 입장에서 그건 반항이 아니에요. 자기가 생각하는 바를 솔직히 말하는 것뿐이에요. 그런데 어떤 부모님들은 말대꾸를 한다면서 아이를 혼내요. 그러면 아이들은 점점 변해요. 앞에서는 부모가 원하는 말과 행동을 하지만 뒤에서는 딴말을 하고, 딴짓을 해요. 그리고 결국에는 아예 입을 다물어버려요. 부모와 자녀 사이에 대화가 단절되는 이유입니다.

더 큰 문제는 그 과정에서 아이의 내면이 허물어진다는 거예요. 나는 나대로 뜻하는 바가 있고, 원하는 게 있는데 겉으로는 그냥 "네, 네"만 한다고 생각해보세요. 그렇게 살면 어른들도 힘들어요. 정서가 불안해지고 자연히 자존감도 떨어집니다.

부모가 아이를 존중하지 않으면 아이도 스스로를 존중하지 않아요. 아이가 나와 다르다고 해서 잘못됐다거나 이상하다고 여기기보다는 그 다름을 존중하는 부모가 되어야 하겠습니다.

인생의 메인 플레이어

미국의 유명한 사회심리학자인 리처드 니스벳(Richard E. Nisbett)이라는 사람이 있어요. 니스벳은 문화와 환경의 차이가 인간의 사고방식이나 행동 양식에 어떤 영향을 미치는지 알아보기 위해 다양한 실험을 진행했습니다.

그중 하나는 이런 것이었습니다. 동양 사람들과 서양 사람들에게

0.1%의 비밀

소, 잔디, 그리고 닭이 그려진 그림 세 장을 보여주고 "이 중 두 장의 카드를 골라 하나로 묶을 수 있다면 무엇을 고르실 건가요?" 하고 물은 거예요. 그런데 두 그룹의 답변이 완전히 달랐어요.

서구인들은 대부분 소와 닭 그림을 골랐어요. 왜일까요? 그 두 가지가 같은 범주에 있다는 거예요. 잔디는 식물이고 소와 닭은 동물이니까 한 카테고리에 넣을 수 있는 건 소와 닭이라는 거지요.

그런데 동양인들은 주로 소와 잔디를 하나로 묶었어요. 잔디는 소의 먹이이고, 소는 잔디를 먹고, 잔디가 없다면 소도 살 수 없고…… 하는 식으로 생각한 거예요. 사물 사이의 관계가 중요한 거지요. 생각하는 게 이렇게 달라요.

니스벳이 이끈 연구진은 이와 비슷한 실험을 많이 했어요. 2001년에는 여러 명의 미국인과 일본인을 대상으로 어항 속 풍경을 찍은 영상을 보여주고 무엇이 가장 기억에 남았는지 묻기도 했습니다. 이때도 역시 두 그룹의 대답은 뚜렷하게 달랐어요. 미국인들은 가장 먼저 물속을 누비는 큰 물고기에 대해 이야기했습니다. 그 물고기가 메인 플레이어였기 때문이에요. 영상 속 주인공에 주목을 한 거지요. 그런데 일본인들은 바다에 있던 돌이나 해초, 물의 색깔 같은 것들을 언급했어요.

니스벳은 이런 차이가 서로 다른 문화적 배경 때문이라고 분석했습니다. 서양인들이 '나'를 중심에 놓고, 사물을 범주로 분류하려 한다면 동양인들은 사물들의 관계를 파악하려 하며 조화와 어울림을 중시한다는 거예요.

한국 사람들도 비슷해요. 튀는 것을 별로 좋아하지 않습니다. 평범한 다수에 속해야 안정감을 느끼고, 잘나건 못나건 너무 돋보이면 유별나다고 생각해요. 관계를 중요하게 생각하는 것도 그렇습니다. 예를 들어 영철이라는 아이가 있다면 그 아이는 그냥 영철이가 아니에요. '옆 동네 어느 집 누구누구의 아들' 영철이인 거예요. 그래서 옛날 어른들은 누가 뭔가를 잘못하면 부모 얼굴에 먹칠한다고 손가락질했어요. 영철이 엄마아빠의 입장은 어떨까요? 영철이가 성공하면 내가 잘한 거고, 영철이가 실패하면 내가 못한 게 되어버려요. 많은 부모님이 아이 공부에 목을 매는 이유 중 하나도 이거예요. 자녀의 성적이 곧 나의 성적표가 되거든요. 그러니까 한국 부모는 아이의 성공과 실패를 더 예민하게 받아들일 수밖에 없습니다.

그런데 아이들은 그걸 원하지 않아요. 엄마와 아빠의 일부가 아닌 그냥 '나'로 존재하고 싶어요. "내 아들이니까 잘해야지", "내 딸이 이것밖에 못 해?" 이런 말은 듣고 싶지 않은 거예요. 내 인생의 주연은 나거든요. 누구의 아들이라서 이렇게 해야 하고 누구의 딸이라서 저렇게 해야 하는 건 아니에요. 우리 아이들은 그 사실을 잘 알고 있어요. 그렇기 때문에 자기 자신에게 집중해요. 내가 좋아하는 것, 내가 잘하는 것, 내가 하고 싶은 것이 중요해요.

우리 세대는 여럿이 만나면 밥 한 끼 먹으러 가는 것도 일이에요. 나는 괜찮아, 아무거나 먹어도 돼, 네가 먹고 싶은 걸로 해, 서로 배려하

0.1%의 비밀

느라 식당 정하기가 힘들어요. 어른들 사이에선 그게 예의예요. 다 같이 먹는 거니까 내가 먹고 싶은 걸 굳이 말하지 않는 겁니다.

아이에게 식사 메뉴를 정하라고 한번 해보세요. 아마 금방 정할 거예요. 여러 명이 모여도 자기가 원하는 음식을 스스럼없이 얘기합니다. "저는 치킨 먹고 싶어요!"라고요. 이걸 안 좋게 보면 자기밖에 모른다고 생각할 수 있지만, 다르게 보면 솔직한 거예요. 자기가 원하는 것을 말하는 게 잘못은 아니에요. 다만 그것을 내세우는 게 아니라 상대가 원하는 것도 잘 듣고 모두가 만족할 만한 방안을 알아야겠지요.

다른 사람을 배려하는 건 좋지만, 자기 인생에서조차 조연을 자처하면 안 됩니다. 저는 아이들이 스스로를 바닥에 깔린 돌이나 해초로 여기지 않았으면 좋겠어요. 그러면 자아를 지나치게 작게 인식하게 돼요. 공부는 잘하는데 토론 시간에는 꿀 먹은 벙어리가 되는 아이, 자기 의견이 없거나 있어도 자신 있게 말하지 못하는 아이가 됩니다. 비슷하게 자란 아이들과 같이 있을 때는 그런 부분이 별로 티가 나지 않을지도 몰라요. 하지만 글로벌화한 세상에서 자아가 큰 사람들과 만나면 아주 힘들어져요. 자기 인생의 메인 플레이어로 사는 건 굉장히 중요합니다.

말이 없는 부모, 눈치 없는 아이

상담을 하다 보면 이런 아버지들이 있어요. 아이를 사랑하는데 표현 방법을 모르세요. 어떤 고등학생은 상담 중에 자기 아버지에 대해 '사이코'라는 말을 했어요. 대체 왜 그런가 했더니, 그 아버님은 아이가 자고 있으면 들어와서 꼭 깨운대요.

"졸려서 눈도 안 떠지는데 윗몸일으키기를 시키고 푸시업을 시키고 진짜 괴로워 죽겠어요."

그래서 제가 그 학생 아버지께 왜 그렇게 하는지 물어봤어요. 그런데 저한테도 정확히 말씀을 안 해주세요. 날씨 얘기, 국제 정세 얘기를 하면서 말을 빙빙 돌리더니 결국 뭐라고 했는지 아세요? "아이랑 친해지고 싶은데 방법을 모르겠어요"라고 하는 거예요.

우리가 어릴 때 아버지들은 "옛다. 필요한 데 써라" 하면서 엄마 몰래 용돈을 주신다든지 하는 식으로 애정을 표현했어요. 과묵한 분이 많았고, 그래서 좀 어려운 존재이기도 했지만, 자녀들은 아버지의 마음을 모르지 않았습니다. 하지만 요즘 아이들은 이런 방식을 그다지 좋아하지 않아요. 아이들과 가까워지고 마음이 통하기를 바란다면 부모도 그만큼 시간 투자를 하고 자기 투자를 해야 합니다.

어머니들 중에도 애정 표현을 낯간지러워하는 분이 많아요. 어떤 아이가 "엄마는 저를 사랑하지 않아요" 하기에 왜 그렇게 생각하느냐고 물었어요. 그랬더니 한 번도 자기한테 사랑한다는 말을 하지 않으셨다는 거예요. 그런데 이 얘기를 전해들은 어머니는 웃으면서 "아유, 뭘 그런 걸 말로 해요~!"라고 말했어요.

어머니는 그렇게 생각할 수 있어요. 옛날에는 엄마가 자식들에게 열심히 밥을 차려주면 그게 바로 사랑이었거든요. 아이들이 아무리 일찍 일어나도 그보다 먼저 일어나서 따끈한 밥상을 준비하는 게 사랑한다는 말과 같았어요.

요즘은 우리가 어릴 때랑은 많이 달라요. 먹을거리가 정말 풍족합니다. 집 말고도 맛있는 밥을 먹을 수 있는 곳이 참 많아요. 정성껏 밥을 차려주고 맛있는 음식을 해준다고 해서 아이들이 엄마의 사랑을 느끼는 건 아니에요.

"아버지가 아침 일찍 나가서서 늦게까지 일하시는 모습을 보면 어떤 생각이 드니?" 하고 물으면 많은 아이들이 "일하는 게 좋은가 보죠, 뭐" 그래요. 가족보다 일에 더 관심이 많구나, 이렇게까지 생각하기도 해요. 우리 세대처럼 '아, 나를 키우느라 고생하시는구나' 하지 않아요.

한마디로 우리 아이들 세대는 눈치가 없어요. 우리 세대는 눈칫밥 먹고 살았어요. 집에서나 학교에서나 하나를 알려주면 열을 알아야 칭찬을 들었어요. 사회에 나가서도 똑같았어요. 누가 자세히 알려주지 않아도 눈치껏 척척 해내야 인정을 받았어요.

그런데 우리 아이들은 눈치가 없기 때문에 하나부터 열까지 일일이 말해줘야 해요. 자기 생각과 의견을 뚜렷하게 전달하라고 교육받는 세대이고, 그런 만큼 상대도 자기에게 표현해주길 바랍니다. 그러니까 부모님들이 '다 알겠지' 하고 말을 안 하면 전혀 모른다는 거예요.

어떤 어머니가 화가 잔뜩 나서 이런 말을 한 적이 있어요.

"세상에 어떻게 이럴 수가 있어요? 장을 잔뜩 봐서 집에 왔는데 애가 게임만 하고 쳐다보지도 않더라고요! 다 자기가 먹을 건데."

근데 아이는 엄마가 도움이 필요한지 몰랐대요. "짐 좀 들어줘, 정리 같이 하자" 했으면 당연히 했을 텐데 아무 말도 없었다는 거예요. 이럴 때 "그걸 꼭 말로 해야 아니? 당연히 하는 거지!" 한다면 아이는 이해하기 어려워요. 그게 그 세대의 문화예요. 그러니까 자녀 세대와 소통하고 싶다면 우리 세대의 방식만 고집하지 않으셨으면 좋겠어요. 하고 싶은 말도 정확히 하고, 사과를 할 때도 미안하다고 말을 해야 해요.

아이에게 실수나 잘못을 했는데 아이가 좋아하는 간식이나 장난감을 사주면서 은근슬쩍 넘어가서는 안 됩니다. 예전에는 그게 미안하다는 뜻이었어요. 우리도 부모님이 그런 방식으로 사과한다는 걸 알았지만, 때로는 그 마음이 통하지 않기도 했어요. 어린 시절에 풀지 못하고 쌓인 감정 때문에 어른이 된 지금 "그때 왜 그러셨어요?" 하면 부모님들은 대개 뭐라고 하시나요? 왜 이제 와서 그러냐고 하거나 기억이 안 난다고 하는 경우가 많아요. 그런 적 없다고 부정하는 분도 많으세요. 그분들은 나름대로 사과를 했다고 생각하는 거예요. 다 풀고 지나간 일을 끄집어낸다고 생각하기 때문에 그래요. 그러면 나만 억울해져요.

우리는 그렇게 하면 안 돼요. 게다가 우리 자녀들은 우리보다 눈치가 없잖아요. "내 진심은 아닌데 어쩌다 보니까 말이 그렇게 나왔네.

0.1%의 비밀

미안하다" 하고 분명하게 말을 해야 해요. 거기에 덧붙여서 "용서해줄래?"까지 안 하면 요즘 아이들은 정말 용서를 안 할지도 몰라요. 우스갯소리지만, 그만큼 말이 참 중요합니다.

정확한 표현을 원하는 아이들

어느 대학생이 저한테 이런 고민을 털어놨어요. 엄마랑 깊은 대화를 하고 싶은데 그게 잘 안 된다는 거예요.

"저희 엄마는 항상 똑같은 것만 물어보세요."

그래서 뭘 물어보시냐고 했더니 "밥 먹었니?" 하신대요. 안 먹었다고 하면 밥을 안 챙겨먹었다고 혼나고, 먹었다고 하면 빵이나 라면 말고 제대로 된 걸 먹어야 한다고 혼난대요.

그 학생은 밥이 왜 그렇게 중요한지 모르겠다고 했어요. 그래서 저는 차근차근 이야기를 들려주었습니다. 그 학생의 부모님이 어렸을 때는 지금과 세상이 얼마나 달랐는지. 정말로 먹을 것이 하나도 없어서 굶기도 했던 시절이잖아요. 그 시절을 살던 사람들에게는 밥을 챙겨 먹는 것이 가장 중요한 일이었어요. 엄마의 "밥 먹었니?"라는 질문은 곧 "사랑해"라는 말과 같아요. 밥 대충 먹고 건강 해치는 건 아니니, 잘 지내는 거니, 생활이 잘 유지되고 있니, 이 모든 질문을 포함하고 있거든요.

날씨 얘기하는 것도 똑같아요. 날씨에 맞게 옷은 잘 챙겨 입는지, 감기 걸리게 대강 하고 다니는 건 아닌지. 이게 중요한 거예요. 그런데 이 마음이 아이에게 전달이 안 되고 있어요.

부모님들은 좀 억울할지 몰라요. "왜 우리만 맞춰야 해요?"라고 할 수 있어요. 사실은 서로 노력해야 하는 거예요. 아이가 부모 세대의 문화를 이해하지 못하면 가르쳐줘야 하듯이 아이들 또한 부모님께 알려드려야 해요. 그래서 저도 그 학생에게 권했어요.

"네가 듣고 싶은 말이 있으면 부모님께 먼저 그 말씀을 드려봐."

제 말을 듣고 그 학생이 기숙사에 돌아가서 엄마한테 전화를 드렸대요. "엄마! 드릴 말씀이 있어요" 했더니 엄마가 "뭔데?" 하시더래요. 그래서 "엄마! 아이 러브 유!" 하고 전화를 냅다 끊었다고 해요. 평소에 안 하던 말을 하기가 좀 부끄러울 수 있어요. 그래서 영어로 '아이 러브 유'라고 한 거죠. 우리가 늘 쓰는 언어가 아니니까 조금 덜 쑥쓰러운 거예요. 그런데 너무 감사하게도 어머니가 학생에게 바로 다시 전화하셔서 "미 투(me too)" 하시더래요.

이 어머니와 딸은 서로 사랑하고 있었어요. 다만 생활하면서 크고 작게 부딪치고 마음에 없는 말을 하다 보니까 자꾸 오해가 쌓였던 거예요. 부모님이 내심 나를 자랑스러워한다는 것, 내가 없는 곳에서는 은근슬쩍 내 자랑을 한다는 것은 중요하지 않아요. 아이들은 엄마아빠가 직접 말하고 표현해주기를 바랍니다. 나는 사랑하는데, 아이는 사랑을 못 느낀다면 소용이 없는 거예요.

　　　　　　　　　0.1%의 비밀

부모님들도 아이들의 문화를 좀 배우고, 아이가 이해할 만한 방식으로 다가가야 해요. 시대가 달라졌으니까. 연인 사이에서도 상대는 사랑이라 하는데 나에게는 그게 집착으로 여겨질 수 있듯이, 정말 사랑한다면 상대가 진정으로 원하는 게 무엇인지 살펴볼 필요가 있습니다.

"우리 아이는 왜 이렇게 냉정할까요?", "애들이 자기 생각밖에 안 해요", "저희 가족은 대화가 없어요. 서로 이야기를 좀 나눴으면 좋겠어요" 하는 부모님이 많으세요. 그러면 조금씩 다가가면 돼요.

갑자기 "오늘부터 가족회의 하자!" 하면 안 돼요. 아이들에게 조금씩 스킬을 가르쳐주셔야 해요. 사랑도 스킬이 중요해요. 머리에 담고 있는 건 스킬이 아니에요. 아무리 책을 읽고 마음에 깊이 새겨도 그건 스킬이 되지 않아요. 연습하고 반복하면서 내 것으로 만들어야 비로소 스킬이라고 할 수 있어요. 그러니까 자꾸 해봐야 해요.

아이에게 사랑한다고 말해주세요. 자랑스럽다고 말해주세요. 아이와 잠시 떨어져 있다가 만나면 참 보고 싶었다는 말도 해주세요. 네가 잘해서, 또는 다른 이유가 있어서 그런 게 아니라 그냥 너 자체가 좋고 자랑스럽다고 이야기하세요. 그러다 보면 어느새 아이와 한층 가까워져 있을 거예요. 표현의 중요성, 그 점을 꼭 기억했으면 좋겠어요.

2.

친구 같은
엄마 아빠에
대한 환상

나는 어떤 부모인가?

저는 한국과 미국을 오가며 수없이 많은 부모님들을 대상으로 강연을 해왔습니다. 제 강연의 주제는 아이의 자존감입니다. 다양한 사례를 토대로 자존감 교육의 중요성과 그 방법을 알려드리고 있다 보니 상황에 따라 디테일이 다를 뿐 사실 큰 줄기는 같거든요. 그럼에도 불구하고 부모님들은 그 내용을 다르게 받아들이세요. 오랜 시간 겪어보니까 그 반응이 크게 네 가지 유형으로 나뉘더라고요.

첫 번째는 '인정하지 않는 부모'예요. 자존감에 문제가 있는 아이들의 이야기를 들으면서 "우리 애는 안 그래" 하시는 거예요. 심지어 그 아이들 사이에 비슷한 면이 있다는 걸 알면서도 수긍하지 않는 분들이 있어요. 이런 분들은 나중에 문제가 심각해진 뒤에야 다급하게 도움을 요청하세요.

두 번째는 '회피하는 부모'입니다. 이 부모님들은 아이의 문제를 잘 알고 있어요. 강연을 듣다가도 분명 '우리 ○○이랑 똑같은데!' 하고 생각하시겠지요. 그런데 아이에게 도움이 필요하다는 것을 알면서도 조치를 취하지 않으세요. 문제를 해결할 엄두가 안 나니까 그냥 피해버리는 거예요. 이런 분들은 시간이 지나도 도움을 요청하지 않습니다.

세 번째 유형은 '열린 마음을 가진 부모'예요. 강연을 듣는 동안 고개를 끄덕이고, 메모를 하고, 자신의 잘못을 인정하면서 다시는 그러지 말자고 결심하는 분들입니다. 아주 적극적인 부모들이에요.

마지막으로 '내적 갈등을 겪는 부모'가 있습니다. 강연을 들을 때도 굉장히 조용하세요. 그런데 속으로는 반성도 하고 다짐도 하세요. 아이와 문제가 생기거나 조언을 구하고 싶은 일이 있으면 상담을 요청하시기도 합니다.

어떤 유형의 부모든 저는 우선 박수를 쳐드리고 싶어요. 강연을 듣기 위해 저를 찾아오신 것 자체가 더 좋은 부모가 되겠다는 의지의 산물이잖아요. 그런 모든 노력이 스스로를 조금씩 변화시키거든요. 아이 교육의 주체가 부모인 만큼 부모가 변하면 아이도 달라집니다.

똑똑하고, 인성 좋고, 누가 봐도 '잘 컸다' 싶은 아이들이 있어요. 물론 그 바탕에는 높은 자존감이 있을 것이고요. 그런 아이들을 보면 "너 부모님이 누구니?" 소리가 절로 나와요. 어쩜 저렇게 아이를 잘 키웠을까 싶은 거예요.

그런데 저희만 그런 의문을 가진 게 아닌가 봐요. 미국의 아동발달 전문가인 다이애나 바움린드(Diana Baumrind)는 부모의 양육 태도에 따라 아이들이 어떻게 달라지는지 알아보기 위해서 무려 1967년부터 다양한 연구를 했습니다. 그리고 자신의 연구 결과를 바탕으로 부모의 양육 태도를 몇 가지 유형으로 구분했어요. '애정'과 '통제'를 기준으로 한 이 구분법은 지금도 널리 알려져 있습니다.

바움린드에 따르면 부모의 양육 태도는 크게 4가지로 나눌 수 있다고 해요. 표를 보면 각 유형의 특징을 알 수 있습니다.

0.1%의 비밀

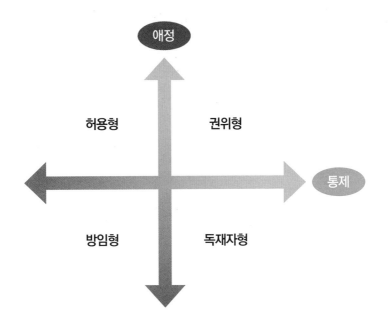

바움린드의 부모 양육 태도

애정

허용형   권위형

통제

방임형   독재자형

허용형 양육 태도는 애정은 많으나 통제는 적은 쪽에 속해 있어요. 자녀를 수용하기만 하고 통제하지 않는 거예요. 방임형은 자녀를 수용하지도, 통제하지도 않는 태도예요. 애정은 많이 표현하지 않으면서 자녀를 통제하는 데 관심을 기울이는 양육 태도는 독재자형이라고 할 수 있고, 권위형 양육태도는 애정과 통제 모두 높은 쪽입니다.

그런데 이렇게 이야기하면 사실 감이 잘 안 와요. 그래서 상황에 따라 각 유형에 속하는 부모들의 반응이 어떻게 다른지 함께 살펴보려 합니다.

situation 피아노학원에 보내달라던 아이가 두 달 만에 그만두겠다고
할 때

대화를 시도하지 않는다. "그렇게 조르더니 이제 와서 무
슨 말이에요. 무조건 가야죠."

애초에 보내지 않는다. "아이 발달에 학원 같은 게 꼭 필요
한가요? 돈이 얼만데."

당장 그만두게 한다. "즐겁게 해야죠. 아이가 싫다는데 굳
이 시킬 필요 있나요?"

계속 다니도록 격려한다. "이유를 들어보고 설득해야죠.
아이도 좀 더 다녀봐야 판단이 설 거예요."

---

a는 독재자형 양육 태도예요. 아이의 요청을 들어줄 생각이 없으니
까 왜 그만두겠다고 하는지 묻지도 않아요. 아이는 부모의 말을 무조
건 따라야 해요.

b는 방임형이에요. 아이 의견을 수용할 생각도, 통제할 생각도 없어
요. 아이에게 뭐가 필요한지, 뭘 해주면 좋을지 고민하지 않는 거지요.

아이가 원하는 대로 다 해주는 c는 허용형 양육 태도라고 할 수 있
습니다. 아이가 학원을 보내달라고 하면 보내주고, 그만두겠다고 하면

0.1%의 비밀

그만두게 해줘요. 아이의 의견을 일방적으로 수용하기만 합니다.

마지막으로 d는 권위형 양육 태도입니다. 이런 태도를 가진 부모님들은 우선 대화를 해요. 아이가 왜 그만두고 싶어 하는지 이야기를 들어봅니다. 그렇다고 해서 아이의 요구를 다 들어주는 건 아니에요. 부모님의 생각도 전달합니다. 우리가 어린 시절을 떠올려보면 '엄마가 하라고 그랬을 때 좀 할걸' 싶은 게 있잖아요. 아이에게 그런 이야기를 들려주면서 "6개월까지만 다녀보고 그때 다시 이야기해보는 건 어떨까?" 하고 제안할 수도 있겠지요.

이제 각각의 양육태도가 아이에게 어떤 영향을 미치는지, 왜 아이의 자존감을 높이거나 떨어뜨리는지 좀 더 자세히 알아보겠습니다.

독재자형 : 일일이 지시하는 부모

자신의 방식만 내세우는 독재자형 부모는 아이를 지나치게 통제합니다. 아이가 무엇을 해야 하는지, 정확히 언제 하고 어떻게 해야 하는지 일일이 다 가르쳐줘요. 아이는 무조건 부모의 지시를 따라야 한다고 생각해요. 왜냐. 부모가 더 어른이니까. 부모가 더 많이 아니까. "조그만 게 뭘 알아? 시키는 대로나 해" 하면서 아이의 의견은 무시합니다. 굉장히 일방적인 거죠.

사실 부모는 아이보다 훨씬 많은 시간을 살았고, 그만큼 많은 경험을 했거든요. 그러다 보니까 자꾸 자신의 경험에 비춰 말하게 돼요. "내가 다 겪어봤어. 살아보니까 이게 맞는 길이야" 하는 거예요.

특히 살면서 잦은 고생을 하고 그걸 다 이겨낸 분이라면 그런 경향이 더 짙습니다. 자기 방식에 대한 확신이 크거든요. 그러니까 아이에게도 그 방법을 가르쳐주고 싶어 해요. 의도 자체는 아이가 잘되길 바라는 거예요. 그래서 아이에게 '이래라, 저래라' 많이 하는 분들은 "다 너 잘되라고 하는 소리야"라는 말을 덧붙여요. 지나치게 자기 의견만 내세우는 본인에 대한 일종의 자기 합리화인 거죠.

독재자형 부모는 아이를 향한 기대감이 무척 높아요. '이렇게 키우면 잘될 거야' 하는 마음을 가지고 있는데, 반대로 아이가 부모에게 기대하는 것들은 충족시켜주지 않아요. 아이가 힘들어하거나 고민을 토로해도 "어린애가 무슨 스트레스야?", "내가 너만 했을 때는 그런 생각할 여유도 없었어" 하는 식으로 반응해요. 아이를 따스하게 대하지 않는 거예요. 부모는 아이를 품어주는 존재이자 위험을 막아주는 안전지대가 되어야 하는데 그 역할을 하지 못하는 거지요. 이런 상황이 반복되면 아이들은 심각한 문제가 생겨도 부모님에게 털어놓거나 의논하지 않습니다. 안전하지 않은 사람이니까 찾지 않는 거예요.

아이의 목소리는 커질까요, 아니면 작아질까요? 이런 케이스는 목소리가 거의 없어져버립니다. 스킬이라는 건 반복해서 연습하는 과정을 통해 내 것으로 만들어야 하는 거예요. 그런데 목소리를 내기도 어렵고, 애써서 목소리를 내봤자 누가 들어주거나 존중하지 않는다면 어떻겠어요. 점점 목소리를 안 내겠죠. 그러면 아예 목소리를 못 내게 돼요. 자기 목소리를 내지 못하는 아이가 되는 거예요.

독재자형 부모 밑에서 자라는 아이들의 반응은 크게 두 가지예요. 부모님의 명령을 따르거나, 또는 따르는 척합니다. 그냥 시키는 대로 하는 아이들은 소극적이고 순종적인 사람으로 자라요. 스스로 무언가를 하거나 다른 사람을 이끌지 못하고, 계속해서 자기보다 강해 보이는 사람을 따르고 의존합니다. 우울증과 같은 정신질환에 시달리는 경우도 많아요.

명령을 따르는 척하는 아이들은 겉과 속이 다릅니다. 표현은 안 하지만 속으로는 부모님에 대한 반감이 있어요. 반감이 점점 쌓이다 보면 어느 순간 터져 나와요. 사춘기에 비행을 저지르는 아이들 중 많은 수가 여기에 해당합니다.

부모이기 때문에 아이들을 가르쳐야 하는 건 맞아요. 하지만 합리적이고 객관적인 방법으로 지침을 제시해야 합니다. 아이의 의견을 묻고 토론할 기회도 줘야 해요. 그래야 아이도 부모가 정하는 규칙에 수긍해요. 부모는 방향을 제시해주는 사람이어야지, 아이를 조종하는 사람이 되어서는 안 됩니다.

허용형 : 무엇이든 해주는 부모

최근에는 허용형 양육 태도를 가진 부모님들이 늘고 있어요. 고용은 불안하고, 물가는 비싸고, 교육비도 많이 드는 세상이다 보니까 부모님들이 아이를 많이 낳지 않아요. 그리고 아이에게 말 그대로 올인합니다. 부모의 삶이 없고 아이를 위해서만 사는 거예요. 아이가 예쁘다는 이유로 아이의 요구를 거절하지 못하고 뭐든지 다 들어주기도해요.

예를 들어 아이가 뭘 사달라고 하면 허용형 부모들은 다 사줍니다. 그럼 어떻게 될까요? 어린아이가 요구하는 건 과자 하나, 장난감 하나정도지만, 크고 나면 브랜드 가방, 자가용 한 대가 돼요. 명품 가방을사달라거나 차 한 대 뽑아달라고 조르는 자녀들이 생각보다 많습니다. 그렇게 자라왔기 때문에 그래요. 언제나 자기가 얻고자 하는 걸 얻었거든요. 부모님이 당연히 해줄 수 있는 것, 해줘야 하는 것이라고 생각합니다.

독재자형 부모는 통금 시간을 정해두고 1분이라도 늦으면 안 된다고 하는 입장이라면 허용형 부모는 통금이 없을뿐더러 아이가 올 때까지 그냥 기다립니다. "저는 언제든 기다릴 준비가 되어 있어요" 하는 부모들이에요. 항상 아이 위주로 사는 거예요. 그러면 아이가 고마워할까요? 그렇지 않아요. 그냥 그런 게 당연해져요.

부모님들이 오해하는 게 있어요. 허용형 양육 태도가 아이의 자존감을 키워준다고 믿는 겁니다. 아이의 의견을 무조건 지지하고 아이가 원하는 대로 해줘야 한다고 생각해요. 그런데 이건 사실 아이에 대한 기대치가 너무 낮은 거예요. '그냥 해달라는 대로 해주면 잘되겠지' 하면서 아이를 정말로 잘 키우기 위한 적절한 방법을 찾지 않아요.

저는 항상 부모님과 선생님들께 아이에 대한 기대가 높아야 한다고 말씀드립니다. 기대하라는 말은 '우리 아이는 판검사가 될 거야', '의사로 키울 거야' 이런 마음가짐으로 기대감을 드러내면서 아이를 압박하라는 뜻이 아니에요. 아이를 신뢰하라는 겁니다. 내가 믿는 대로 자라는 게 아이예요. 아이가 잘 크기를 기대한다면 그에 맞는 방향과 틀을 제공해줘야 합니다.

사회성이 부족한 아이들을 보면 부모님이 허용형 양육 태도를 갖고 있는 경우가 많아요. 그럴 수밖에 없어요. 이기적이고 자기중심적이거든요. 이 아이들은 토론할 기회가 없었어요. 내가 얘기하면 부모님이 아무 조건 없이 들어줬으니까요. 다른 사람과 어우러져 잘 살아가기 위해서는 남의 의견도 들어보고, 내 의견과 조율하는 스킬이 있어야 하는데 그런 걸 배운 적이 없어요.

당연히 문제가 생기겠지요. '우리 집에서는 다 들어줬는데 학교에서는 왜 안 된다고 하지?' 불만을 느끼면서 충동적인 행동을 합니다. 사회에 나가서도 마찬가지예요. 주변 사람들과 건강한 관계를 맺기가 어렵습니다. 부모님이 그랬듯이 자기 말을 잘 들어주는 사람만 곁에 두기 때문이에요. 이건 자기 됨됨이가 빈약한 사람들의 특징이에요. 자존감이 낮은 거지요.

어느 부모님이나 아이가 원하는 것을 다 해주고 싶은 마음은 같을 거예요. 아이를 그냥 제멋대로 사는 사람으로 키우고 싶다면 그렇게 하셔도 돼요. 하지만 아이가 높은 자존감을 가지고 행복하게 살기를 바란다면 그런 양육 태도를 버려야 합니다.

방임형 : 그냥 내버려두는 부모

어떤 엄마가 아이를 데리고 가게에 갔어요. 그런데 아이가 가게에서 말썽을 피웠어요. 가게 안을 뛰어다니고, 사지도 않을 물건을 마구 만졌어요. 엄마는 별 관심이 없다가 아이의 행동이 너무 심해지자 이렇게 혼냈어요. "너, 이따 집에 가면 진짜 혼날 줄 알아!" 엄마들이 흔히 하는 협박이죠. 그런데 막상 집에 오니까 엄마가 아이한테 아무 말도 안 하는 거예요. 그러니까 아이가 도리어 "엄마, 아까 저 혼낼 거라고 했잖아요" 하면서 마치 혼을 내달라는 듯이 채근합니다. 보통은 엄마가 잊어버려서 다행이다 생각하고 넘어갈 텐데 대체 왜 그럴까요? 이 아이는 '그렇게라도 저를 좀 봐주세요'라고 말하고 있어요. 긍정적인 관심을 못 줄 거면 부정적인 관심이라도 달라고 하는 거예요.

아이의 의견을 수용하지 않고, 통제하지도 않는 부모님들이 있어요. 허용형 부모가 지나치게 아이 위주로 산다면 이분들은 반대예요. 본인만 생각하기 때문에 아이에게는 신경을 쓰지 않아요. 독재자형 부모처럼 아이를 통제하는 것도 아니에요. 아이를 훈육하려는 노력도 하지 않거든요.

이런 부모님들의 양육 태도는 이렇게 설명할 수 있을 것 같아요. 무(無)반응, 무(無)규칙, 무(無)관심. 아이가 집에 있든 없든, 밥을 먹든 안 먹든, 무슨 일을 잘하든 못하든 상관없다는 태도를 보입니다.

아이에게 자유를 준다는 명목으로 아이를 방임하는 부모님들도 계세요. "아이 일을 제가 죄다 알아야 하나요? 아이가 알아서 잘 하겠죠. 밥도 배고픈 사람이 직접 챙겨 먹으면 되는 거예요." 아이가 고등학생이라면 괜찮습니다. 중학생이어도 괜찮아요. 하지만 다섯 살짜리 아이에게 알아서 먹으라고 하면 안 됩니다. 그건 부모의 역할을 포기한 것이나 다름없어요.

물론 다섯 살 아이도 먹을 것 찾아서 먹을 수 있어요. 그런데 부모가 아무런 규칙도 세워두지 않고 아이가 먹는 음식이 무엇이든 상관하지 않는다면 아이들이 뭘 먹을까요? 사탕, 초콜릿, 음료수 같은 것만 먹는 거죠. 그 나이 때는 욕구를 조절하는 능력이 떨어져요. 주위에서 내버려두면 그냥 자기가 먹고 싶은 것만 찾게 되어 있어요. 그렇기 때문에 부모가 방향을 잡아줘야 합니다.

무관심한 부모 밑에서 자라는 아이들은 부모의 칭찬까지는 바라지도 않아요. 꾸중이라도 듣고 싶어 해요. 참 슬픈 이야기예요. 아이에게 가장 큰 사랑을 주어야 할 부모마저 그렇게 하지 않았기 때문에 이 아이들은 스스로를 사랑받아야 할 존재로 여기지 않아요. 스스로를 '없어도 되는 존재'라고 생각합니다. 자살 충동을 느끼는 것도 이상한 일이 아니에요.

저는 3세부터 5세까지의 아이들을 오랜 시간 동안 상담했어요. 그 어린아이들 중에서도 자살을 원하는 아이가 있었어요. 너무나 놀라운 일이지요. 물론 너무 어리기 때문에 죽음을 정확히 인식하지는 못했어요. 큰 아이들처럼 더 이상 살기 싫다거나 다 끝내고 싶다는 생각을 하는 건 아니에요. 하지만 '지금 이 순간 내가 없었으면 좋겠다'는 생각은 확연합니다. 그런 아이들의 가정환경을 보면 부모님의 무관심 속에서 살고 있어요.

무관심 속에서 자란 아이들은 너무나 당연하게도 충동적인 행동을 하게 되어 있어요. 잘못을 저질러서 혼나는 한이 있더라도, 그런 관심이라도 받고 싶은 거예요. 어린아이들은 본래 부모님의 사랑을 받으면서 타인을 신뢰하는 법을 배워야 해요. 그게 안 되면 아이는 점점 세상을 불신하게 되고 결국 반사회적인 성향을 띠게 됩니다. 정말 안타까운 일이에요.

우리는 아동 학대라고 하면 아이에게 폭력을 쓰는 상황만 떠올립니다. 하지만 부모의 의무를 외면한 채 아이를 내버려두는 것 또한 아동 방치이자 정서적인 학대라는 사실을 아셔야 합니다.

0.1%의 비밀

권위형 : 방향을 제시하는 부모

부모님들에게 어떤 부모가 되고 싶으냐고 여쭤보면 상당히 많은 분들이 '친구 같은 아빠', '친구 같은 엄마'라고 답하세요. 특히 과거 한국의 아버지상에서 벗어나고자 하는 바람과 목표를 가진 아버지들이 이런 대답을 많이 합니다.

그런데 저는 부모님들에게 이런 부탁을 드리고 싶어요. 제발 아이의 친구가 되려고 하지 마세요. 여러분, 친구가 없으신가요? 여섯 살, 열세 살, 열다섯…… 이런 아이들이랑 꼭 친구 하셔야 되겠어요? 아이들은 우리가 친구로 삼을 대상이 아니에요. 단순히 말해서 부모는 아이의 머리 위에 있어야 해요. 아이를 억압하거나 조종하라는 말로 오해할 수도 있는데, 그게 아니라 아이와 친근하게 지내더라도 부모의 권위를 갖고 있어야 한다는 뜻입니다.

권위형 양육 태도라고 하면 많은 분들이 '권위주의적'인 것으로 오해하세요. 권위는 어떤 사람의 실력이나 성품 같은 것을 다른 사람이 알아서 인정하는 거예요. 반면에 권위주의는 자기가 스스로 권위를 내세우고 휘둘러서 다른 사람의 복종을 강요하는 태도입니다. 그러니까 아이가 부모님을 자발적으로 따른다면 그 부모님은 권위가 있는 것이고, 강요에 못 이겨 억지로 따르는 거라면 그 부모님은 권위주의적인 것이겠지요.

권위형 부모 또한 독재자형 부모처럼 아이에게 기대가 높아요. 그렇지만 자기만의 방식을 강요하지는 않습니다. 양육 지침을 정할 때도 마음대로 하지 않아요. 아이의 의견을 묻고 귀를 기울입니다. 예를 들어 아이가 용돈을 올려달라고 하면 독재자형 부모처럼 단칼에 거절하거나 허용형 부모처럼 무조건 오케이하지 않고 왜 용돈이 더 필요한지 물어봐요. 수용할 만한 이유라면 아이의 요청을 들어주겠지요. 아이가 원하는 만큼은 아니더라도 용돈의 액수를 다시 정할 수도 있을 거예요. 용돈을 올려주지 않더라도 충분한 대화를 거치기 때문에 아이 또한 부모님의 결정을 어느 정도 납득할 수 있어요.

권위형 부모님 밑에서 자란 아이들은 자기 목소리를 내요. 불평과 분노로 표출하는 게 아니라 분명하게 의견을 전달하고 상대방과 논의할 줄 압니다.

저는 여덟 살까지 한국에서 살다가 가족들과 함께 미국으로 갔어요. 어느 날 한 미국인 친구가 저를 집에 초대해서 놀러간 적이 있어요. 슬립 오버(sleep over)라고 해서 아이들이 하룻밤 동안 함께 먹고 자면서 친해지는, 쉽게 말해 파자마 파티 같은 것을 한 거죠. 다음 날 아침에 친구 아버지께서 저희한테 "집에 시리얼이랑 오믈렛 그리고 토스트가 있는데 뭘 먹을래?" 하고 물어보셨어요. 그래서 제가 "오믈렛 먹을게요" 했던 기억이 나요.

당시에 저는 깜짝 놀랐어요. 그전까지 아침 메뉴에 대한 선택권이 있다는 생각을 해본 적이 없거든요. 그냥 엄마가 해주시는 대로 먹었죠. 그런데 그날 이런 생각이 들더라고요. '아, 내가 뭔가를 고를 수 있구나.' 내 목소리에 힘이 있음을 깨닫게 된 거예요.

부모는 아이에게 선택의 여지를 줘야 해요. 그렇게 하지 않으면 아이들은 목소리를 낼 줄 모르고, 그러다가 점점 내지 못하게 돼요. 물론 방향은 어느 정도 제시해야 합니다. 아이가 아무런 제한 없이 마음대로 메뉴를 고르고, 부모가 어떻게든 구해서 제공한다면 그건 허용형 양육 태도겠지요.

아이가 높은 자존감을 갖기를 원한다면 아이 스스로 목소리를 내도록 해주세요. 아이의 말을 듣고, 함께 생각해보세요. 그래도 결론이 나지 않으면 솔직하게 말해도 돼요. "우리 하루만 더 생각해보고 다시 얘기해보자" 하는 거예요. 이렇게 큰 아이들은 사회성이 무척 좋아요. 다른 아이들과 의견을 나누고 협동해서 무언가를 이루는 데도 굉장히 의욕적이에요. 학업성취도가 높고 정신질환이나 일탈을 겪을 확률은 적습니다.

부모의 양육 태도는 이처럼 아이의 사회성과 자존감에 무척 큰 영향을 미칩니다. 아이를 잘 키우고 싶다면 나를 파악하는 게 먼저라고 말씀드리고 싶어요. 아이의 모습은 부모로부터 만들어진 거니까요. 좋은 부모가 되려면 솔직해질 필요가 있습니다. 나는 어떤 양육 태도를 가졌는지, 어떤 점을 개선해야 할지 꼭 생각해보길 바랍니다.

3.

부모는
아이의
쿠션이
되어야 한다

실패해도 다시 일어설 수 있도록

어린아이가 길을 걷다가 꽈당 넘어졌어요. 부모님들은 보통 안쓰러워서 어쩔 줄 몰라 하세요. "아유, 아프겠다……" 하면서 일으켜주고 흙도 털어주고 그러세요. 그러면서 혼내는 분들도 있어요. "그러게 조심하라고 했잖아!" 물론 그것도 안타까운 마음에 나오는 말이지요. 엄마가 이런 반응을 보이면 아이는 덩달아 큰일이 났다고 생각해요. 그렇게 아프지 않았는데도 불구하고 엄마에게 안기거나 울음을 터뜨립니다.

아이가 크게 넘어진 게 아니라면 부모님이 조금 딴청을 부리셔도 괜찮아요. 저는 아이가 넘어지면 못 본 척하면서 다른 풍경을 봤어요. 넘어진 아이는 저부터 쳐다봐요. 아이들은 원래 엄마 반응을 가장 먼저 살피거든요? 그런데 아이가 입장에서는 엄마가 자기를 미처 못 본 거예요. 아이는 어떻게 할까요? 그냥 툭툭 털고 일어나요. 그러고서는 엄마에게 조르르 달려와 보고합니다. "엄마, 저 넘어졌어요!" 그때는 따뜻하게 말해줘야지요. "그래? 진짜 아팠겠다. 그런데 참 잘 일어났네!" 이렇게 얘기하면 아이가 무척 뿌듯해합니다.

아이는 뭘 배웠을까요? 스스로 마음을 다스리고 달래는 법을 배워요. 자기감정을 컨트롤하고 이겨낸 거예요. 아이 인생에 있어 정말 중요한 배움이에요. 우리는 항상 아이 옆에 있을 수가 없거든요.

정말 좋은 부모라면 내가 옆에 없을 때도 아이가 스스로 툭툭 털고 일어날 수 있게 해줘야 해요. 늘 아이를 쫓아다니면서 넘어지지 않도록 해주거나, 넘어진 아이를 받아주고 일으켜줄 수는 없어요. 우리가 할 수 있는 일이라고는 아이가 혹여 크게 넘어지더라도 다치지 않도록, 또는 최대한 덜 다치도록 두툼한 쿠션을 쌓아두는 일이에요.

우리 아이들은 어려운 인생을 살게 될 거예요. 실수도 많이 하고, 실패도 많이 할 겁니다. 그렇지 않은 사람은 이 세상에 단 한 명도 없어요. 여러분도 그렇잖아요. 나이를 먹을수록 인생이 더 쉬워지나요? 아니면 어려워지던가요? 살다 보면 좋을 때도 있고, 힘들 때도 있어요. 언제 좋아지고 나빠질지 알 수가 없어요. 종잡을 수가 없지요. 그래서 더 어려워요.

한국 부모님들은 아이의 실패에 굉장히 민감한 편이에요. 부모님들과 아이들이 함께 있는 자리에서 아이들에게 퍼즐 맞추기 미션을 주면 아이가 낑낑대는 걸 보다 못해 마지막 한두 조각을 대신 맞춰주는 분들이 많아요. 음악대회나 웅변대회에 나간 아이가 실수할까봐 아이보다 더 전전긍긍하시는 분들도 있어요. 실패하면 아이가 너무 실망할까봐, 자신감을 잃을까봐 걱정하세요.

아이에 대한 안타까움도 있지만 본인 체면을 생각하는 경우도 있습니다. 앞서 말씀드렸던 것처럼 우리의 문화는 아이를 아이 자체로만 보기보다는 누군가의 아들, 딸로 보는 부분이 크기 때문에 아이의 실패를 내 실패라고 생각하는 거예요. 아이가 어떤 일에 실패하면 "아이 선생님을 뵐 면목이 없어요", "낯부끄러워서 돌아다닐 수가 없어요"

하는 분들이 많아요. 주변의 반응에 더 신경을 써요. 하지만 아이의 실패에 부모님이 예민하게 반응하면 아이들은 더 크게 상처받습니다. 충분히 그럴 수 있는 일이라고 생각해야 아이들 또한 툭툭 털고 아무렇지 않게 일어나겠죠. 누구나 실패한다는 점, 우리 아이도 마찬가지라는 점을 인정해야 합니다.

그렇다면 우리 아이가 실패하고 넘어졌을 때 어디에 떨어지는 게 나을까요? 딱딱한 맨바닥에 떨어지면 안 되잖아요. 크게 다칠 것이고, 많이 아플 거예요. 다시 일어나지 못해 힘들어할지도 몰라요. 하지만 여러 겹으로 쌓아놓은 포근한 쿠션 위에 떨어진다면 덜 다칠 거예요. 다시 일어나기도 조금 더 쉽겠죠. 이 쿠션이 바로 자존감입니다.

어렸을 때부터 부모님에게 의존하기만 하면 성인이 되어서도 무슨 일이 생길 때마다 엄마 아빠를 찾아요. 혼자 설 줄 알아야 하는데 그걸 하지 못해요. 실패를 너무 무서워하고, 결국 부모님 대신 의존할 누군가를 찾게 됩니다. 하지만 부모님처럼 다 받아주고 희생해줄 사람은 없어요. 일방적인 관계는 결국 틀어질 수밖에 없고, 그러면 더 큰 절망에 빠지게 됩니다.

자존감이 높은 아이들도 실수하고 실패해요. 절대 완벽하지 않아요. 하지만 그 아이들은 두려워하지 않습니다. 금방 일어설 수 있을 거라고 믿어요. 자기를 받쳐줄 쿠션이 있으니까요. 그 쿠션을 깔아주는 것이 바로 부모의 몫이자 부모의 힘입니다.

상처는 쉽게 사라지지 않는다

가장 치료하기 쉬운 상처는 무엇일까요? 심리학자들은 이렇게 답합니다. 받지 않은 상처. 그만큼 상처를 치유하는 일은 참 어려워요. 하지만 상처를 주고받지 않고 살기도 힘들지요. 부모도 아이에게 알게 모르게 상처를 줍니다. 이미 상처를 주었다면 아이에게 잘못을 시인하고 사과를 해야 합니다. 아이의 상처가 아물 수 있도록 최대한 노력하는 거예요.

마음의 상처는 생각보다 오래갑니다. 특히 학대를 당한 아이들은 평생 힘들어해요. 학대라 함은 육체적인 것만이 아닙니다. 아이의 정서를 다치게 하고 병들게 하는 것 또한 학대예요. 많은 아이들이 부모님에게 들은 말 때문에 정신적 고통을 겪습니다. 그런데 부모님들은 언어폭력의 심각성을 모르는 것 같아요. 욕설이나 비속어를 쓰지 않는다고 해도 충분히 다른 사람에게 말로 상처를 줄 수 있거든요.

부모님들은 때때로 아이들의 심리를 조종합니다. "네가 이러고 다니니까 내가 고개를 들고 다닐 수가 없다", "내가 너 때문에 못 살아!" 하면서 아이에게 책임을 돌려요. '네 탓이야'라는 메시지를 전하면서 아이의 행동을 제어하려는 거예요. 이런 말들은 아이를 내가 원하는 대로 움직이게끔 하는 굉장히 교묘한 메커니즘이에요.

아이 때문에 살고 못 살고 그러면 안 됩니다. 정말로 아이 때문에 죽겠다는 것도 아니에요. 사실 대부분의 부모님은 '이렇게 말하면 나아지겠지'라는 목적을 가지고 있다기보다 순간의 화를 참지 못해서 내지르는 경우가 많습니다. 엄마도 사람이기 때문에 화를 낼 수는 있어요. 하지만 "엄마 죽는 꼴 보려고 그러니?" 하는 식으로 자극적인 말을 해서는 안 됩니다. 아이 입장에서는 불안하고 괴로워요. 이 모든 게 자기 때문이라고 생각해요.

상처가 있는 아이들은 다른 데 가서 그걸 재현해요. 집에서 맞고 있는 아이들은 다른 데 가서 남을 때립니다. 누구나 스트레스가 있지만, 이런 아이들이 겪는 스트레스는 상상을 초월합니다. 이름도 독성 스트레스(toxic stress)라고 해요. 감당하기 힘든 일을 지속적으로 당하면 생기는 독성 스트레스는 정신뿐 아니라 신체에도 치명적인 결과를 초래해요. 특히 아이들의 뇌가 발달하는 데 방해가 됩니다.

건강한 아이의 뇌는 아주 활발하게 활동해요. 외부로부터 다양한 자극을 받고 새로운 지식을 습득하면서 발달해갑니다. 그런데 독성 스트레스를 받은 아이들의 뇌는 점점 둔해져요. 적절한 자극을 받고 대응해야 하는데 그런 모든 과정이 제대로 작동하지 못합니다. 자연히 사고력과 문제해결력이 떨어지겠지요. "왜 이렇게 머리가 안 돌아가니?", "도대체 왜 내 말을 못 알아듣는 거야?" 아무리 혼내도 아이는 고치기가 힘들어요. 공부도 잘할 수가 없습니다.

HTP 검사라는 게 있어요. 상담을 받는 사람에게 집(House), 나무(Tree), 사람(Person)을 그리게 하고, 그림을 바탕으로 그 사람의 심리를 알아보는 검사예요.

제가 어떤 아이와 상담을 하다가 가족을 그리라고 했더니 이렇게 그려놨어요. 얼굴이 가장 큰 사람은 누구일까요? 아빠라고 예상하는 분들이 많은데, 엄마예요.

엄마의 얼굴을 보면 가장 먼저 눈에 띄는 게 치아예요. 날카로운 이가 굉장히 두드러지게 표현되어 있죠. 이렇게 그린 이는 일단 공포심을 나타내요. 엄마는 아이에게 두려움의 대상인 거예요. 그리고 두려움이라는 건 불안정한 정서를 뜻합니다.

길을 걷고 있는데 누군가 뒤에서 막 쫓아온다고 상상해보세요. 너무 무섭죠. 그럴 때 내 몸에서는 어떤 일이 일어나나요? 심장은 빨리 뛰고, 눈동자는 흔들리고, 숨은 막 헐떡이게 돼요. 어떻게든 피하고 싶

0.1%의 비밀

다는 생각이 들어요. 이 아이는 집에 오면 어떨까요? 안전한 울타리에 들어온 느낌이 아니라 막 숨이 차고 떨리는 그런 마음인 거예요. 이렇게 지내다 보면 아이는 정서뿐 아니라 몸도 아프게 됩니다.

이 그림에는 아이의 판타지도 숨어 있어요. 아이의 가족은 네 명인데 그림에는 세 명밖에 없어요. 없어졌으면 하는 사람은 아예 그리지 않은 거예요. 엄마 옆에 있는 얼굴은 형이고, 가장 작은 얼굴이 아이 자신이었어요. 아버지가 없는 거죠.

알고 보니까 아이의 아버지는 아이의 어머니를 학대하고 있었어요. 엄마도 스트레스가 쌓이니까 두 아들을 학대했고, 형은 그 스트레스를 동생에게 풀었어요. 아이는 자신의 모습을 마치 아무것도 아닌 것처럼 그려놓았어요. 얼굴을 보면 입이 없어요. 자기 목소리가 없다는 거예요. 그 외에도 너무나 많은 부분들이 생략되어 있습니다. 아이가 자기 자신을 얼마나 작고 무의미한 존재로 인식하는지 알 수 있어요.

부모의 말과 행동은 아이의 몸과 마음에 남아요. 무심코 한 말, 순간적으로 터뜨린 분노가 아이에게는 상처로 쌓입니다. 이제 상처를 주는 말이 아니라 치유해주는 말을 하는 게 어떨까요? 좋은 말을 하는 데는 돈이 들지 않아요. 몸이 힘든 것도 아니에요. 하지만 말 한마디가 발휘하는 힘은 무척 강력합니다.

쿠션을 쌓아주는 소통의 기술 1 - 경청하고 사과하기

"집안일과 육아에 지치다 보니까 아이한테 소리를 많이 질러요. 아이가 잠든 모습을 보면 내가 왜 그랬을까 싶고, 내일부터는 그러지 말자고 결심해요. 그런데 다음에 또 그래요."

어떤 어머니가 이런 이야기를 하면서 눈물을 흘린 적이 있어요. 낮에는 화내고, 밤에는 후회하는 분들 아마 많으실 거예요. 부모도 완벽할 수는 없어요. 때로는 아이에게 실수를 하고, 잘못도 합니다. 아이의 잘못에 비해 지나치게 심한 꾸중을 하거나 다른 사람 앞에서 아이를 창피하게 할 수도 있어요. 무심코 던진 말로 상처를 주는 일도 있어요.

물론 그런 일이 일어나지 않으면 가장 좋겠지요. 그러려고 노력해야 하지만, 그런 일이 이미 일어났다면 정말 중요한 건 그다음이에요. 그 일에 대해 아이와 대화를 나누느냐, 나누지 않느냐에 따라 아이의 마음 상태가 완전히 달라지거든요.

많은 부모님들이 지나간 일에 대해 잘 이야기하지 않아요. 어른의 입장에서 아이에게 사과를 한다는 게 어색하고 부적절하다고 생각하는 분들도 있습니다. 그래서 그냥 은근슬쩍 넘어가거나 아예 아무 일도 없었던 척하는 경우가 있어요. 그럼 아이는 어떨까요? 마음의 앙금이 그대로 남아 있을 수밖에 없어요. 부정적인 감정은 반드시 풀어줘야 해요. 자꾸 쌓이기만 하면 결국 폭발하게 되어 있어요.

자존감을 높여주고 싶다면 감정에 솔직한 아이로 키워야 합니다. 감정에 솔직하다는 건 자기 기분대로 말하고 행동한다는 게 아니에요. 자신의 감정을 분명하게 알고, 적절하게 조절해서 드러낼 줄 아는 거예요. 아이가 감정에 솔직해지길 바란다면, 우선 아이의 말을 잘 들어야 합니다. 어떤 대화든지 사실은 말하는 것보다 듣는 게 먼저예요.

요즘 아이들은 자기 생각을 표현하는 데 좀 더 익숙하고 적극적이에요. 부모님의 말이나 행동에 상처받은 일이 있으면 그것도 이야기하려 해요. 그런데 아이가 말을 꺼낼 때마다 "내가 언제 그렇게 말했어?", "네가 잘못한 건 맞잖아" 하는 식으로 대화를 중단해버리면 아이는 자신의 감정을 풀지 못해요. '이런 말은 하면 안 되는구나' 하면서 점점 감정을 억제하게 돼요. 부모가 아이의 감정을 무시하니까 아이도 자신의 감정을 중요하게 생각하지 않는 거예요.

반대로 아이의 감정에 너무 과하게 반응하는 분들도 있어요. "나 어제 너무 속상했어" 하는 아이에게 발을 동동 구르면서 "어머, 그랬어? 아휴, 어떡해! 우리 아들 속상한 줄도 모르고 엄마가 너무 바보 같다!" 막 이러는 거예요. 이렇게 키우면 아이는 자기의 감정만 중시하는 사람으로 자라겠지요.

'지난 이벤트에 대해 대화하기'라는 방법을 소개해드리고 싶어요. 아이에게 부정적인 감정으로 남아 있을 것 같은 과거의 사건을 골라서 이야기를 나누는 거예요.

바쁜 엄마를 돕겠다고 청소를 하던 아이가 중요한 서류 위에 물을 쏟고 말았어요. 난감해진 엄마는 아이를 혼냈고, 아이는 시무룩해졌습니다. 이 일에 대해 엄마는 그날 아이의 감정이 어땠는지, 왜 혼났다고 생각하는지 물을 수 있을 거예요. 그다음에 아이의 얘기를 끝까지 다 들어주세요. 나의 잘못이라고 느끼는 부분에 대해서는 사과하고, 아이에게 하고 싶은 이야기가 있다면 혼내지 않는 방식으로 전달할 수 있을 것입니다.

"너는 엄마를 돕고 싶어서 그런 건데, 물을 쏟은 것만 가지고 혼을 내서 많이 서운했겠다. 너무 바쁜 와중에 서류까지 젖어서 엄마가 순간 화를 참지 못했어. 그 점은 정말 미안해. 그날 엄마를 도와주려 한 것도 고맙고. 우리 ○○이도 다음부터는 물건을 옮길 때 좀 더 조심하자."

이렇게 대화를 하고 나면 그날의 일이 아이의 마음에 나쁜 감정으로 남아 있지 않아요. 과거에 대한 긍정적인 감정을 심어주는 건 무척 중요한 일입니다. 그게 바로 자존감이 높은 사람의 특징이거든요.

좋았던 일에 대해 대화하는 것도 아이에게 자신감을 심어주는 데 도움이 돼요. "그날 ○○이가 엄마 가방을 같이 들어줘서 너무 든든했어" 하는 식으로 아이가 잘했던 행동에 대해 다시 한 번 짚어주는 거예요.

'가정은 우리가 맨 처음 감정을 학습하는 배움터다.'

EQ(감성지수)라는 용어를 만들어낸 대니얼 골먼(Daniel Goleman)의 말입니다. 모든 인간관계가 그렇듯 부모와 자녀 사이에도 갈등이 생길 수 있어요. 부모와의 관계에서 배운 갈등 해결 방법은 아이가 다른 사

람을 대할 때도 그대로 적용됩니다. 아이가 느끼는 감정을 존중하고
진술한 대화를 나누며 갈등을 풀어나갈 때, 아이의 자존감이라는 쿠션
은 한층 더 푹신해질 것입니다.

쿠션을 쌓아주는 소통의 기술 2 - 공감하고 유도하기

언젠가 재미있는 동영상을 본 적이 있어요. 영상에는 아주 어린아이
가 등장했는데요. 제가 보기에는 15개월쯤 된 것 같았어요. 아직 말을
잘하지 못하는 아이여서 열심히 말은 하는데 꼭 옹알이처럼 들렸어요.
그런데 아이 아버지가 옆에서 아이에게 대화법을 가르치는 거예요. 아
이가 뭐라고 중얼중얼하면 아버지는 잘 알아듣지 못하면서도 "맞아,
나도 그렇게 생각해" 하고 맞장구를 쳤어요. 아이가 아빠 말에 대꾸하
듯이 막 손짓을 하면서 다시 중얼중얼하면 아버지가 또 능청스럽게
"정말 그래. 나도 그럴 때가 있어!" 하고 대답했어요. 그런 식으로 아이
랑 한참 동안 말을 주고받더라고요.

저는 그 아버지를 보면서 '자존감 교육을 정말 잘하시는구나' 하는
생각이 들었어요. 아이에게 아주 좋은 거울이 되어주셨거든요.

우리는 거울을 보면서 내 모습이 어떤지 알아가게 돼요. 거울에 비
치는 내가 동그란 모양이면 '아, 나는 동그랗구나' 하고, 거울에 비치는
내가 네모난 모양이면 '아, 나는 네모나구나' 하는 거예요. 그래서 부모

는 거울의 역할을 잘 해줘야 해요. 아이의 행동에 맞춰 반사하는 부모의 반응을 미러링(Mirroring)이라고 하는데요. 아이가 기분이 좋을 때는 같이 기뻐해주고, 눈물을 흘릴 때는 같이 안타까워해주는 것을 말해요. 이런 상호작용은 아이의 자존감을 키워줍니다. 아이가 울 때 부모님이 그 이유를 잘 파악하고 공감해야 아이는 자기가 소중한 사람이라고 느낄 수 있어요.

어느 날 사춘기 아이가 아버지한테 이렇게 말했어요. "아버지, 저 요즘 죽고 싶어요." 자녀에게 이런 말을 들으신 아버님의 기분은 어떨까요? 충격일 거예요. 열심히 키워났더니 고작 한다는 얘기가 죽고 싶대요. 아이에게 실망스럽거나 화가 날 수도 있어요. 하지만 올바른 거울이라면 이때 아이가 나에게 보여주는 심정을 그대로 비춰줘야 합니다.

"많이 힘들구나. 우리 이야기 한번 해보자. 나도 그런 마음이 들 만큼 힘든 적이 있었어" 하면서 아이가 왜 그런 말을 했는지 대화해보는 게 좋아요. 다짜고짜 "그게 지금 할 소리야?", "너만 힘든 거 아니야" 하면서 아이의 마음을 무시할 때, 소통은 단절되고 맙니다. 거울이 되어줘야 할 부모님조차 자신의 심정과 다른 모습을 보이면 아이들은 좌절할 수밖에 없어요.

공감에 이어 또 하나 강조하고 싶은 기술은 바로 리다이렉트(Redirect)예요. 아이가 부정적인 마인드를 갖지 않도록 아이의 초점을 건강한 방향으로 맞춰주는 것입니다.

누구나 안 좋은 생각이 들 때가 있어요. 상황이 어려울수록 더 그래요. 부모는 아이의 그런 마음을 공감하는 데서 그치지 않고 좀 더 긍정적인 생각을 가질 수 있도록 유도해야 합니다. 사는 게 힘들다는 아이에게 "세상은 원래 그런 거야. 다들 죽지 못해 살아" 하면 어떤가요? 아이의 부정적인 생각을 더욱 굳히는 말이에요. 그보다는 세상에 대한 다른 관점을 제시하는 편이 더 좋겠지요.

어린아이에게 무조건 "No"라고 하는 대신 아이의 관심을 다른 쪽으로 돌리는 것 또한 리다이렉트입니다. 아이가 지저분한 물건에 손을 대려고 할 때 "그거 만지지 마!"가 아니라 "엄마 손 잡아볼까?" 하는 식이에요. 부정적인 언어의 사용을 지양하는 것은 아이에게 긍정적인 마음을 심어주는 좋은 습관입니다.

쿠션을 쌓아주는 소통의 기술 3 – 관심을 가지고 칭찬하기

사람 사이에서는 말이 참 중요합니다. 부부싸움도 가만히 보면 싸움의 원인 자체보다도 서로를 향한 말투 때문에 일어나거든요. 아이를 키우는 데 있어서도 어떻게 말하느냐가 중요해요. 한국의 부모님들만큼 자녀를 위해서 희생하는 부모가 또 없어요. 그런데 그토록 애를 쓰면서도 많은 부모가 그 마음을 제대로 표현하지 못하거나 잘못 표현해요. 그래서 아이와 멀어지는 건 물론이고, 오히려 아이의 자존감을 떨어뜨리는 결과가 나오기도 합니다.

어린아이에게 무조건 "No"라고 하는 대신 아이의 관심을
다른 쪽으로 돌리는 것 또한 리다이렉트입니다.
아이가 지저분한 물건에 손을 대려고 할 때
"그거 만지지 마!"가 아니라
"엄마 손 잡아볼까?" 하는 식이에요.
부정적인 언어의 사용을 지양하는 것은 아이에게
긍정적인 마음을 심어주는 좋은 습관입니다.

칭찬은 아이의 자존감을 높여주기 위한 흔한 방법이에요. 부모님들도 그걸 잘 알고 있는 것 같아요. 상담을 하다 보면 칭찬에 대한 강박을 가지고 있을 정도거든요. 아이를 칭찬하는 건 좋아요. 다만 방법이 잘못되면 부모님의 의도와 다르게 아이의 자존감이 떨어지는 결과로 이어지기도 합니다.

어떤 아이가 나무를 열심히 그리고 있는데 아이 아버님이 그걸 보시고는 엄청나게 칭찬하셨어요. 엄지손가락 두 개를 딱 세우면서 큰 목소리로 이렇게 말씀하시더라고요.

"이야! 세상에서 제일 멋진 나무다! 내가 본 나무 그림 중에 최고야, 최고!"

아이가 좋아했을까요? 당연히 좋아했지요. 세상에서 제일 멋진 나무를 그린 거잖아요. 문제는 그다음이에요. 선생님이 아이들 그림을 모두 벽에 붙여 전시했는데, 그 아이가 보기에 자기 그림이 별로 특별하지 않거든요? 더 멋진 나무 그림도 많고, 친구들이 감탄하는 그림도 따로 있어요. 그러면 아이는 상처를 받아요. 그리고 아빠의 말을 점점 믿지 않게 됩니다.

"응, 잘했어", "그래, 멋지다" 하는 식으로 칭찬하는 건 우리가 많이 하는 실수예요. 근거를 생략한 채 무조건 치켜세워주는 건데요. 어떤 부모님들은 이런 식으로 아이를 굉장히 자주 칭찬하세요. 말하는 사람 입장에서는 편하거든요. 아이가 뭘 하든 그냥 나중에 "아이고, 잘했다!" 하면 되는 거니까요.

그러면 아이들은 어떻게 되냐면요, 선 하나 긋고 나서 "어때요?", 색칠 조금 하고 나서 "이거 괜찮아요?" 이래요. 의미 없는 칭찬에 기대게 됩니다. 계속해서 칭찬을 원하고, 무슨 일이든 칭찬을 받기 위해서 해요. 스스로 성취감을 느끼지 못해요. 다른 사람의 인정을 받아야만 안심하는 거예요.

"우리 아들이 최고로 똑똑해!", "아까 보니까 우리 딸이 제일 예쁘더라!" 이런 칭찬이 위험한 또 다른 이유는, 비교와 경쟁을 유발하기 때문입니다. 이런 칭찬을 듣고 자란 아이들은 최고가 아니면 안 된다는 생각에 사로잡히게 돼요. 그런데 현실은 꼭 그렇지 않거든요. 내가 최고여야 하는데 그게 잘 되지 않을 때, 아이들 마음도 무척 힘들어져요.

하버드대학교에서 상담을 하다 보면 그런 학생들이 있어요. 워낙 뛰어났기 때문에 무조건 자기를 치켜세워주는 칭찬을 받으면서 자란 거예요. 그런데 대학에 와보니까 나보다 똑똑하고 잘난 친구들이 많아요. 그러다 보니 공부를 포기하고 싶다는 생각이 들고 점점 무기력해집니다. 결국 우울증에 걸리는 학생도 많아요.

"예전보다 색칠을 훨씬 꼼꼼히 하던걸?", "그림을 정말 집중해서 그리더라!" 이렇게 결과보다는 과정을 칭찬하고, 그 근거도 구체적으로 대는 것이 좋습니다. 노력하는 모습, 발전하는 모습에 대한 칭찬은 아이에게 힘이 됩니다. "신나게 그리는 것 같아서 정말 보기 좋았어! 엄마도 흐뭇했어" 하면서 부모님의 느낌을 덧붙이면 더욱 좋겠지요.

아이에게 칭찬을 많이 들려주는 것보다 중요한 점은 미루지 않고 표현하는 것입니다. 아이들은 어떤 일을 하고 난 후에 엄마 아빠가 바로 반응해주기를 바라거든요. "엄마, 제가 장난감 다 정리했어요!" 하면서 얼른 칭찬을 해달라는 표정으로 보고 있는데 엄마가 그냥 넘어간다면 아이는 무척 실망하겠지요. 아이가 칭찬을 받을 만한 행동을 했다면 미루지 않고 즉시 얘기해주는 게 좋아요. 아이의 머리를 쓰다듬어주거나 꼭 안아줘도 좋겠지요. 말보다 행동으로 표현할 때 마음이 더 잘 전달되기도 하거든요.

아이에게 할 말을 일부러 떠올리기보다는 아이를 보며 느끼는 흐뭇한 마음을 전달한다고 생각해보세요. 의무감으로 하는 열 마디보다 진심을 담은 한 마디가 더 큰 효과를 발휘해요. 칭찬은 양보다 질이 중요합니다.

4.

엄마가
해줄 수 없는 것,
아버지 이펙트

아버지가 아이의 자존감에 미치는 영향

한국에서 아이를 성공적으로 키우려면 세 가지가 필요하대요. 첫 번째는 할아버지의 재력이에요. 할아버지가 부자라서 부모에게 돈과 시간의 여유가 있어야 하는 거예요. 두 번째는 엄마의 정보력이 있어야 해요. 영어는 어느 학원이 낫고 수학은 어떤 과외를 해야 하고, 이런 걸 알아야 한다는 거지요. 그러면 마지막으로 필요한 게 뭘까요? 다들 아시죠. 바로 아빠의 무관심이에요. 아빠가 자녀 교육에 관심이 없어야 아이가 잘 큰대요.

왜 이런 이야기를 할까요? 정말로 아이를 양육하는 데 있어 아빠의 관심이 필요하지 않다는 뜻일까요? 그건 아니에요. 평소에는 아이와 대화도 하지 않고 함께 시간을 보내지도 않다가 가끔 나타나서 "시험을 왜 이렇게 못 봤어?" 이런 관심이 필요 없다는 거예요.

저는 요즘 '아버지 이펙트'를 주제로 많은 강연을 하고 있는데요. 지금까지는 자녀 교육에 있어서 아버지의 역할이 적은 편이었기 때문에 우리가 잘 모르고 있었지만, 아버지와의 좋은 관계야말로 아이가 성장하는 데 꼭 필요한 요소라고 할 수 있습니다. 성공과 행복의 핵심이 자존감인데, 아버지와 사이가 좋으면 자존감이 높아져요. 그러니까 아이가 잘 크려면 아버지의 역할이 그만큼 중요하겠지요.

사실 아빠들은 아이와의 애착 형성에 어려움을 느껴요. 엄마들에 비해 아이에게 애착을 느끼는 시기도 느린 편입니다. 그럴 수밖에 없어요. 엄마는 아이의 존재를 아빠보다 훨씬 빨리 실감합니다. 일단 임신을 하고 나면 몸 안에 아기가 있으니 한 몸이나 다름이 없어요.

아버지들은 '내가 아빠가 되었구나!' 하는 순간이 언제일까요? 대개는 아이가 태어난 뒤에 그래요. 눈앞에 나타나니까 비로소 실감이 나는 거예요. 이전까지는 내 몸과 별개의 존재였거든요. 그런 만큼 아빠는 아이와의 애착을 위해 정말 많은 노력이 필요합니다.

옛날 한국에서는 남편을 '바깥양반'이라고 했어요. 아버지들은 말 그대로 밖에서 일하는 사람이었고, 많은 분이 집안일에는 신경을 쓰지 않았어요. 어떻게 보면 아버지는 다른 가족들과 따로 떨어져 있는 듯한 모양새였어요. 그래도 집안을 대표하는 가장으로 대접을 받았어요.

하지만 지금은 다릅니다. 아내와 아이에게 관심을 갖지 않으면 가족으로 인정받기 힘들어요. 요즘 아이들에게 눈에 보이지 않는 부모님의 고생, 귀에 들리지 않는 부모님의 애정은 와 닿지 않아요. 우리 아이들 세대는 1:1 관계를 중시해요. 아무리 아버지라고 해도 1:1 관계가 없으면 "누구세요?" 하는 거예요. 따라서 아버지들은 꾸준히 육아에 참여해야 해요.

아빠가 육아에 적극적으로 참여하면 아이들이 똑똑해집니다. 나이가 어릴수록 아이들은 지적으로나 감정적으로 다양한 자극을 받아야 해요. 그래야 뇌가 발달하고 사고력도 높아지거든요. 자연히 머리가 좋아지는 것이죠. 커서 남보다 두 시간을 더 공부하는 것보다 어린 시절에 아빠와 좋은 경험을 많이 쌓는 것이 공부를 잘하는 데 더욱 큰 도움이 된다는 연구 결과도 있습니다.

아빠와 많은 놀이를 한 아이들은 문제 해결력도 높아져요. 아이에게 모험이 될 만한 놀이를 경험하게 해주고 아이를 충분히 지지하면서 놀이에 참여하게 하면 아이의 신체 발달도 한층 더 잘 이루어집니다. 엄마가 놀아줄 때랑 아빠가 놀아줄 때는 다르거든요.

엄마들은 보통 아이에게 위험한 놀이는 절대 허락하지 않아요. "위험해! 다쳐! 얼른 내려와! 조심해!"라며 계속 말리는 쪽이에요. 그런데 아빠들은 어떠세요? 그냥 "해봐" 하세요. 그러니까 아이가 자신감을 갖게 되고, 도전하게 돼요. 새로운 세상을 탐색할 때마다 아이의 뇌와 신체 또한 새로운 자극을 받으면서 발달해갑니다.

아버지가 육아에 많이 참여하면 참여할수록 아이에게서 줄어드는 게 2가지 있습니다. 바로 폭력성과 우울증이에요. 아이들의 우울증은 생각보다 심각해요. 청소년기에는 이 우울증이 화로 나타납니다. 그럴 만한 문제가 아닌데도 화를 내고, 그 감정이 2주 이상 지속되면 우리는 우울증으로 진단합니다. 우울증에 걸리면 일단 무기력해져요. 잠을 너무 많이 자고, 아침에 일어나지도 못해요. 삶에 대한 동기 부여가 안 되는 거예요.

우울증은 사회성과 연관되어 있어요. 우울증이 있는 아이들은 사회성이 부족합니다. 왜 그럴까, 하고 연구해보니까 가족, 그중에서도 아버지와 대화가 없는 아이들이었어요. 언제인가 공부를 전혀 안 한다는 아이를 상담한 적이 있어요. 이야기를 나눠보니까 아이가 참 똑똑하더라고요. "이렇게 머리가 좋은데 공부를 왜 안 하려는 거야?"라고 물었더니, 아이가 하는 말이 놀라웠어요. "저는 죽어도 공부 안 할 거예요. 제가 공부하면 아빠가 행복해하거든요." 아버지가 행복해지는 게 싫대요. 그 정도로 아버지가 싫다는 거예요.

오랜 시간 동안 아이들과 이야기를 나눠왔지만, 그중에 공부 자체를 싫어하는 아이들은 그렇게 많지 않았어요. 공부와 연관되어 있는 것들을 싫어하는 경우가 훨씬 많았습니다. "평소에는 저한테 관심도 없으면서 공부는 잘하래요", "무슨 얘기든 다 공부로 끝나요." 그래서 공부가 싫은 거지요.

그런데 이런 아이들이 보이는 특징이 있어요. 잘못을 해도 책임을 잘 안 지려고 해요. "쟤가 먼저 그랬어요. 그러니까 저도 그렇게 한 거죠!" 이런 식이에요. 잘못을 저질러도 항상 남 탓을 해요. 뿐만 아니라 감정 컨트롤을 못 해서 갑자기 화를 내거나 눈물을 펑펑 쏟기도 해요. 이런 아이는 친구들이 점점 피하려고 해요. 자연히 사회성이 떨어지게 되어 있어요.

저는 아빠들이 아이에게 더 많은 투자를 했으면 좋겠어요. 돈이 아니라 시간과 정성을 들여야 합니다. 아빠가 노력하는 만큼 아이의 자존감이 자라나니까요.

0.1%의 비밀

짧지만 강하게 기억되는 아빠와의 시간

아이와 시간을 보내야 한다고 말씀드리면 많은 분이 '얼마나 시간을 보내느냐'에 신경을 쓰는 것 같아요. 하지만 꼭 많은 시간이 필요한 건 아니에요. 중요한 건 '어떤 시간을 보내느냐'입니다.

제 세미나에 참석하셨던 한 아버지가 "어제 아이랑 두 시간이나 같이 있었어요" 하시더라고요. 그래서 "정말 잘하셨어요! 아이랑 뭘 하셨어요?" 하고 물었더니 그냥 텔레비전을 틀어놓고 같이 있었대요. 엄마들이 가장 싫어하는 상황이죠. 아이 좀 보라고 했더니 정말 보기만 하는 거예요. 그러면 두 시간이 아니라 스무 시간을 같이 보내도 큰 의미가 없어요.

하버드 학생 중에서 참 인상 깊은 아이가 있었어요. 그 친구는 행복의 기운을 마구 흩뿌리고 다닌다고 해도 좋을 만큼 행복해 보였어요. 어느 날은 제가 너무 궁금해서 이렇게 물어봤어요. "너는 어떻게 그렇게 행복한 거야?" 하면서 그 학생의 아버지에 대해서 물었던 기억이 납니다.

그 학생의 아버지는 자동차를 수리하는 일을 하셨대요. 자녀가 일곱 명이나 있어서 열심히 일을 해도 형편은 넉넉하지 않았다고 해요. 그런데 그토록 바쁜 아버지와도 1:1로 얘기하는 시간이 있었대요. 그 학생뿐 아니라 일곱 명 모두 아버지와 그런 시간을 가졌다고 합니다.

동생이 태어나면 아이들은 갑자기 안 하던 행동을 해요. 심하게 떼를 쓰거나 동생을 괴롭히거나 심지어 다시 아기 때로 돌아간 것처럼 퇴행 행동을 보입니다. 왜 그럴까요? 동생에게 빼앗긴 관심을 되찾으려는 거예요. 말썽을 부려서라도 "엄마 아빠! 저도 있어요! 봐주세요!" 하는 거지요. 그런데 형제가 일곱이면 어떻겠어요? 부모님의 관심이 더 많이 분산되고, 아이들도 힘들 수 있어요.

하지만 그 학생의 아버지는 늦게까지 일을 하고 돌아온 뒤에도 모든 아이와 반드시 '유앤미(you&me) 타임'을 가지셨어요. 아이를 무릎에 앉혀놓고 오늘 하루 가장 좋았던 일이 무엇이었는지 물어보셨대요. 아이가 이야기를 하고 나면, 가장 안 좋았던 일에 대해서도 물으셨대요. "아빠가 옆에 없었으니까 더 알고 싶어"라고 말한 거예요. 그렇게 대화를 하면서 아이들은 낮에 일하느라 지저분해진 아버지의 손가락을 닦아주었다고 해요. 아버지에 대해 이야기할 때마다 그 학생이 가장 먼저 떠올리는 장면은 그것이었어요.

아이와 꼭 긴 시간을 보내야 하는 건 아니에요. 그리고 싶어도 상황이 여의치 않은 경우가 많아요. 짧은 시간이어도 괜찮아요. 아빠와 아이의 마음이 연결된다면 아이는 충분히 아빠의 사랑을 느끼고 아빠에 대한 좋은 기억을 가질 수 있게 돼요.

물론 가끔은 10분 정도의 틈을 내기도 어려울 때가 있습니다. 그렇다면 일정이 무척 많다는 사실을 미리 아이에게 알려주고, 여유가 생길 법한 날짜를 정해 아이와의 시간을 갖기로 약속하는 게 좋습니다.

보스턴에서 한 아이가 태어났어요. 이 아이는 탯줄에 두 번이나 감

0.1%의 비밀

겨서 뇌에 산소가 부족한 상태였어요. 의사들은 아이가 평생 식물인간으로 살 거라고 예상했습니다. 아이의 부모님에게도 그렇게 이야기를 했지요. 아이의 아버지는 그 사실을 받아들일 수가 없었어요. 모두가 소용없을 거라고 했지만, 아버지는 아이에게 글을 가르쳤어요. 컴퓨터 특수장치를 이용해 아이도 자신의 의사를 표현할 수 있도록 도왔습니다. '우리 아이는 내가 믿는 대로 될 것이다.' 이렇게 생각한 거예요. 신기하게도 아이가 반응하기 시작했어요. 지적인 능력이 발달하고 신체적인 능력도 조금씩 발달하게 되었습니다. 아버지는 아이와 같이 할 수 있는 일이 없을까 고민하다가 마라톤을 뛰기 시작했습니다. 아들을 휠체어에 태운 채 휠체어를 밀면서 달렸어요. 도전을 거듭한 끝에 보스턴대회에서 마라톤을 완주했고, 천인 3종 경기에도 출전했습니다. 평생 아무것도 못할 거라던 아이는 대학까지 졸업했어요.

이 이야기는 호이트(Hoyt) 부자의 실화입니다. 보스턴에는 이 부자의 동상이 있고, 아버지 딕 호이트(Dick Hoyt)의 저서는 한국에서도 번역, 출간되었습니다. 아들인 릭 호이트(Rick Hoyt)는 아버지와 달릴 때면 자신이 장애를 가졌다는 사실마저 잊어버릴 수 있었다고 이야기했습니다.

저는 이 두 사람을 보면서 아버지 이펙트라는 게 얼마나 크고 위대한지 느꼈어요. 아이가 잘 자라기 위해서는 아버지의 역할이 참 중요합니다. 정말로 아이를 사랑한다면 더 많은 돈을 벌고 더 좋은 걸 사주려고 하기 전에 먼저 아이와 탄탄한 관계를 만드는 데 집중해보세요.

아이와의 관계를 바꾸는 SOLER 법칙

아버지 이펙트를 발휘하고자 하시는 분들에게 제가 항상 알려드리는 법칙이 있어요. 바로 SOLER 법칙이라는 겁니다.

S   Face the person SQUARELY (정면으로 마주하라)

O   Adopt an OPEN posture (열린 자세를 가져라)

L   LEAN toward the person (상대에게 몸을 기울여라)

E   Maintain good EYE-CONTACT (눈을 맞추어라)

R   Remain RELAXED (여유를 가져라)

먼저 S는 스퀘얼리(squarely)의 약자예요. 스퀘어는 사각형이잖아요. 만일 어떤 분이 저쪽에서 제게 이야기를 한다면 그분의 어깨와 제 어깨가 사각형으로 보여야 하는 거예요. 대화하는 상대방을 향해 몸을 돌리라는 뜻이에요. 아이가 대화를 청하고 있는데 할 일이 너무 많다는 이유로 모니터에 시선을 고정한 채, 혹은 고개만 살짝 들고서 "이야기해봐. 듣고 있어" 하면 안 되겠죠. 몸을 마주하고 있어야 서로의 눈도 바라볼 수 있고 편안한 대화가 가능한 거예요.

O는 오픈 포스처(open posture), 열린 자세를 말해요. 학생들에게 상담 공부를 가르칠 때도 강조하는 부분이에요. 상대의 이야기를 듣고자 한다면 팔짱을 끼거나 다리를 꼬고 있으면 안 돼요. 주먹도 꽉 쥐지 않

아요. 뭐든지 다 오픈된 자세여야 하는 거예요. 상대방을 향해 나는 얼마든지 들어줄 자세가 되어 있다는 사인을 보내는 거지요.

L은 린(lean), 기울인다는 뜻이에요. 아이를 향해 몸을 기울인다는 건, 몸으로 경청하는 거예요. 저도 가끔 텔레비전이나 이런 데서 인터뷰를 할 때가 있는데요. 정말 인터뷰를 잘 진행하는 분들은 이 '기울이기'를 잘하세요. 한번은 진행자와 저 사이에 탁자가 놓여 있었는데 그분이 마치 제게 건너올 것처럼 몸을 기울인 채 제 말을 듣고 계셨어요. 상대가 귀담아 들어준다고 생각하니까 저도 말이 술술 나오더라고요. 30분이라는 시간이 5분 같이 흘러갔습니다. 인터뷰를 준비하면서 '이 부분은 말하지 말자. 이 말도 뺄까?' 했던 이야기들이 전부 나와버렸어요. 이게 바로 경청의 파워인 거예요.

"아, 우리 아이가 요즘 저랑 대화를 안 해요" 하는 부모들에게 "어떤 방식으로 대화하시는데요?" 하고 여쭤보면 똑같은 대답이 나와요. "밥 먹었어?", "숙제는 많니?", "시험은 잘 봤고?" 이런 질문을 한다는 거예요. 이런 질문은 대화를 할 때 크게 쓸모가 없어요. 예스(yes) 아니면 노(no)로 대답할 수 있는 질문들이거든요. 아이에게 정말 도움이 되는 건 아이가 잠시 하던 일을 멈추고 생각해야 하는 질문들이에요.

"오늘 뭐 후회되는 일은 없었니?" 하고 물으면 그게 뭘까 생각하게 됩니다. 아이가 말을 하지 않는다면 먼저 말을 꺼내도 좋아요. "나는 오늘 회사에서 이런 일이 있었어" 하면서 이야기를 해보는 거예요. 아버지들은 자기가 힘들었던 이야기를 꺼내는 게 굉장히 수치스럽다고 생각하세요. 약한 모습을 보이면 안 된다는 강박이 있어요. 하지만 아이들은 그 이야기를 듣길 원해요. 아버지는 공부하기 싫었던 적이 없는지, 아버지는 언제 힘들고 속상한지, 아버지는 무엇을 하고 싶은지. 아이들은 이런 것들을 듣고 싶어 합니다.

'열린 질문'은 대화를 이어갈 수 있는 좋은 방법이에요. 아이가 질문을 듣고 나름의 생각을 거쳐 대답을 한다면 열심히 들어주세요. 그럴 때는 꼭 아이 콘택트(eye-contact)를 해야겠죠. '무슨 말을 하나 보자!' 하는 식으로 아이를 노려보는 게 아니라 편안하게 쳐다봐야 해요.

앞서 말씀드렸지요? 우리 부모님 세대의 문화, 특히 아버지들의 문화는 눈으로 마음을 전달하는 거예요. 요즘은 세상이 많이 변했어요. 아버지들이 아이를 많이 데리고 나오세요. 놀이터에도 아이와 함께 나온 아버지들이 많아요. 그런데 어떤 아버지들은 시선이 휴대폰에 가 있어요. 그러면 아무리 긴 시간을 그곳에 있어도 아이와 같이 있는 게 아니에요. 아이와 눈을 마주치고 "열심히 올라가네! 이번에 정말 잘했어. 다시 한 번 올라가보자." 이런 식으로 계속 대화하면서 아이와의 놀이에 참여해보세요.

그런데 주의해야 할 점이 있어요. 아이의 입에서 무슨 말이 나오든 릴렉스(relax)해야 한다는 거예요. 아이가 좀 충격적인 말을 하더라도 대화를 단번에 끝내려고 하면 안 돼요. 아버님은 최선을 다해 다가가는데 아이는 "아빠 진짜 싫어!" 할 수도 있어요. 그럴 땐 마음이 참 아파요. 하지만 "아빠가 뭘 잘못했다고 그래?" 하거나 "아빠한테 그게 무슨 말버릇이야?" 하고 역정을 내버리면 그다음에는 대화가 더 어려워지는 거예요.

아이의 말 한마디로 아이의 마음을 단정 짓지 마세요. 욱하는 대신 긴장을 풀고 왜 그런 말을 했는지 물어보세요. "왜 싫은지 말해줄 수 있어? 아빠는 잘하려고 하는데 방법을 모르겠어. ○○이가 도와주면 더 잘할 수 있을 것 같은데." 이렇게 다가가면 아이도 '아, 아빠한테 내 마음을 이야기해도 되겠구나' 하고 생각해요. 조금씩 마음을 여는 거지요.

아버님들의 마음속에는 3가지 환상이 있어요. '내가 바쁜 건 다 가족들을 위해서야. 아이들이 나보다 더 좋은 걸 많이 가질 수 있도록 해주려면 내가 더 바쁘게 살아야 해. 지금 당장은 바쁘지만 여유가 생기면 시간을 많이 보낼 거야.' 다 잘못된 환상이에요. 아이는 평생 아이로 남아 있지 않아요. 나중에 중학생이 되고 고등학생이 되면 아버지와의 관계가 이미 어긋나 있을지도 몰라요.

참 바쁜 세상이지만, 하루에 단 5분이라도 SOLER 자세로 아이와 마음을 나눠보세요. 스킨십도 하고, 집안일도 함께 하고, 책을 읽어주고, 잠을 재우면서 보낸 길지 않은 시간들이 아이의 인생에 반짝반짝 빛나는 추억으로 남게 될 것입니다.

5.

아이에게
물려줄 수 있는
가장 큰 유산

부부가 행복해야 아이가 행복하다

저는 상담을 하면서 만나는 아이들에게 항상 물어봐요. "엄마가 어떻게 하실 때 네가 가장 행복하니?" 그러면 뭐라고 대답할까요? "엄마가 행복하게 사실 때가 가장 행복해요." 이렇게 이야기해요. 이 말은 곧, 아이에게 너무 집착하거나 간섭하지 말고 엄마의 인생을 아름답게 꾸리라는 거예요.

"그럼 아빠는? 아빠가 어떻게 하실 때 네가 가장 행복하다고 느끼니?" 이렇게도 물어보는데요. 아이들이 뭐라고 하는지 아시면 정말 놀랄 거예요. 아빠가 엄마한테 잘해줄 때 가장 행복하대요. 참 많은 아이들이 이렇게 말해요.

한국의 부모님들을 만나서 이야기를 나누다 보면 "아이 때문에 살아요" 하는 분들이 생각보다 많아요. 아이만 아니면 헤어졌을 텐데, 아이를 위해서 어쩔 수 없이 사신대요. 아이에게는 상처를 주고 싶지 않다는 거예요. 그런데 부부 사이가 원만하지 않으면 아이 또한 행복하기가 힘들어요. 아이들의 대답만 봐도 그렇잖아요. 아빠가 엄마에게 잘해줄 때, 엄마가 행복하게 살 때, 즉 두 분의 모습이 보기 좋을 때 자기도 행복하다고 말했거든요.

아이의 자존감을 떨어뜨리는 부모의 모습을 몇 가지 꼽아보자면, 그중 첫 번째는 '부부싸움이 일상인 부모'예요. 어떤 부부든 다툴 수 있지만, 그 방식이 완전히 잘못된 경우가 있어요. 말을 가리지 않고, 상대를 잡아당기거나 밀치고, 물건을 집어던지고……. 이런 행동들은 누가 하는 건가요? 어린아이들이 하는 거예요. 말이 통하지 않는 서너 살 아이들이 하는 행동을 서른, 마흔, 쉰이 됐는데도 한다면 감정 조절을 하지 못한다는 뜻이에요. 감정적인 면에서는 성장을 덜했다고 할 수 있어요. 이런 싸움은 아이는 물론이고 부부 모두에게 큰 상처로 남아요.

엄마와 아빠가 싸우는 동안 아이들은 뭘 하고 있을까요? 무서워서 울거나 어딘가에 숨어 떨고 있어요. 아이가 아무 반응도 하지 않는다면 그건 더 심각해요. 싸움이 너무 잦아서 아예 무감각해진 거니까요.

좋지 않은 부부 사이는 아이의 자존감을 떨어뜨리는 큰 요인입니다. 아이의 불안감을 조금이라도 해소해주고 싶다면 솔직하게 이야기하는 게 가장 큰 방법이에요. 아무것도 모르는 상황에서 부모님이 자주 싸우는 모습을 보면 아이는 엄마아빠가 이혼이라도 하지는 않을까 걱정하거든요. 나이가 어려도 아이들은 그런 생각을 해요. 다 자란 어른도 서로 마음이 맞지 않을 때는 다툴 수 있다는 점을 알려주고, 곧 잘 해결할 거라는 이야기도 꼭 해주세요. 그래야 아이가 힘든 마음을 조금이나마 덜어낼 수 있습니다.

만일 이혼을 앞두고 있더라도 마찬가지예요. 아이가 마음을 다칠까 조심스러운 부모님의 마음은 알지만, 부부 사이의 일을 숨기기보다는 "엄마와 아빠의 사이가 좋지 않은 건 절대 네 탓이 아니야", "엄마와 아빠는 같이 살지 않더라도 여전히 너를 사랑해"라고 말해주는 것이 좋습니다. 아이의 정서적 안정감을 위해서는 그게 더 나은 방법이에요.

사이가 나쁘지는 않은데, 대화를 거의 하지 않은 채 살아가는 부부도 있습니다. 같이 앉아 있어도 텔레비전이나 휴대전화에 시선이 가 있어요. 반드시 말을 많이 해야 사이좋은 부부라고 할 수는 없지만, 가족 간에 대화가 적으면 아이도 자칫 대화의 중요성을 간과할 수 있습니다. 이왕이면 대화를 통해 서로의 일상도 좀 공유하시고, 집안의 여러 가지 일도 논의해보세요. 아이의 사회성과 자존감을 높이는 데 분명 도움이 됩니다.

자존감 교육에 정말 열정적인 어머니를 만난 적이 있어요. 자존감에 관한 강연을 부지런히 들으시고 관련 서적도 섭렵해서 제가 보기에도 전문가 수준이었어요. 그런데 아이는 엄마의 기대와 달리 자꾸 문제를 일으켰어요. 성적은 좋았지만, 친구들과 싸우거나 폭력적인 행동을 보여서 걱정스러운 상황이었습니다. 그 어머니는 아이가 도대체 왜 그러는지 모르겠다며 상담을 청해오셨어요.

저도 이유가 뭘까 궁금했는데, 알고 보니 어머니와 아버지가 서로 데면데면하게 지내고 있었어요. 어머님은 남편에게는 전혀 관심이 없는 상황이었고, 그럴수록 아이에게 더 많은 시간과 에너지를 쏟았어요. 아이는 그게 너무 싫었던 거예요. 어린아이라도 집안의 냉랭한 공기는 피부로 느끼게 되어 있어요.

가정은 아이가 처음 겪는 세상이에요. 부모는 아이의 울타리이자 최초의 롤모델이에요. 아이에게는 온갖 정성을 쏟으면서 남편이나 아내

는 함부로 대한다면 아이는 결코 행복하게 자랄 수 없습니다. 이 점을
꼭 기억해야 해요.

낮은 자존감의 악순환

엄마가 너무너무 싫다는 어린아이와 상담을 한 적이 있어요. "왜 엄
마가 싫을까? 우리, 엄마에 대해 좀 더 알아보자" 하고는 아이에게 간
단한 질문을 했습니다.

"만약 엄마가 동물이라면 어떤 동물일까?"

그랬더니 아이가 대답하길, 엄마는 사자래요. 그래서 제가 컴퓨터
로 검색을 해서 예쁜 사자 그림을 하나 찾았어요. 아이에게 그걸 보여
줬더니 "그런 사자 아니에요" 하더라고요. 그러고는 자기가 직접 제
컴퓨터로 찾아보겠대요. 요즘 아이들이 이렇게 자기 의사를 잘 표현
해요.

아이가 찾은 사자는 굉장히 무섭게 포효하고 있는 모습이었어요. 그
런데 아이와 상담이 끝나고 어머님과 이야기를 나누면서 "어머님, 아
이가 엄마를 어떤 동물에 비유했을까요?" 하고 물었더니 어머니가 그
러는 거예요. "어머, 저 알아요! 토끼라고 했죠?"

참 신기하죠? '퍼셉션 이즈 리얼리티(perception is reality)'라는 말이
있어요. 내가 인식하는 것이 그대로 나의 현실이 되어버린다는 말에

요. 아이는 엄마를 사자, 그것도 무서운 사자라고 인식하고 있어요. 그게 아이의 현실이에요. 아이에게는 엄마가 두려움의 대상인 거예요.

제가 옆에서 지켜보니까 그 어머니는 아이의 사소한 행동에도 지나치게 간섭을 많이 했어요. 아이에게는 잔소리와 꾸중으로 느껴졌겠지요. 그래서 더 듣기 싫고, 답답하고, 피하고 싶었던 거예요. 반대로 어머니는 아이가 말을 너무 안 듣는다고 생각했어요.

그러면 어머니는 왜 본인을 토끼로 인식했을까요? 아이는 엄마의 잔소리 자체에 집중했지만, 엄마는 자신의 의도에 집중했던 거예요.

"교수님, 저는요, 이 아이를 위해서 살아요. 아이가 학교에 가면 한없이 기다리고, 아이가 돌아오면 간식을 먹이고 학원에 데려다줘요. 그 학원이 끝나면 또 다음 학원에 데려다주고요. 저는 아이를 위해서라면 죽을 수도 있어요. 이렇게 사는 게 저라는 사람이에요."

그 어머니 입장에서는 자기 자신이 아이 앞에서는 한없이 작은 존재인 거예요.

아이들은 부모님이 자기만 바라보며 사는 걸 바라지 않아요. 특히 부모가 '너를 위해 희생하고 있다'는 점을 강조할 때, 아이들은 굉장히 큰 압박감을 느낍니다.

2010년 일본의 교육문화 전문기업 '베네세'가 운영하는 베네세 차세대육성연구소에서는 서울, 도쿄, 베이징, 상하이, 타이베이에 거주하는 미취학 아동의 부모들을 상대로 흥미로운 조사를 했어요. 조사 결과를 보면 '육아가 행복하다'고 하면서도 '아이를 위해 희생하고 있다'

라는 항목에 서울 엄마들의 80퍼센트 이상이 '그렇다'라고 답을 했습니다. 도쿄 36.7퍼센트, 베이징 43.2퍼센트, 타이베이 54.3퍼센트 굉장히 높은 수치예요.

실제로 한국 엄마들만큼 자녀 위주로 사는 부모는 잘 없어요. 그런데 그렇게 애쓰면서도 우리나라 엄마들은 자기 자신에게 굉장히 낮은 점수를 주고 있어요. 스스로를 부족한 엄마로 생각하고 자책해요. "교수님, 저는 정말 부족한 엄마예요" 하면서 괴로워하는 분들을 참 많이 봤어요. 과한 모성애가 아이에게도 짐이 되고 엄마 본인에게도 해가 되고 있는 거예요. 원인을 찾아 거슬러 올라가보면 우리 또한 어린 시절에 엄마로부터 긍정적인 정서를 전달받지 못했음을 알 수 있어요.

우리의 부모님 세대는 스스로의 행복을 찾기보다는 아이를 잘 교육시켜서 본인보다 잘 살게 하는 것이 목표였어요. 그것만을 위해 사셨어요. 자녀로서 그런 모습이 좋아 보였나요? 엄마처럼 살고 싶다는 생각, 별로 안 해보셨죠? '우리 엄마처럼 살지 않을 거야'라고 다짐했던 딸들이 더 많을 거예요.

자존감이 빈약한 아이가 자라서 엄마가 되고, 아이를 키우는 동안 스스로에 대한 부정적인 감정을 느끼는 겁니다. 그리고 아이들은 다시 낮은 자존감을 물려받아요. 말 그대로 악순환이에요. 나의 자존감을 신경 쓰지 않고 아이를 위해 무조건 희생한다면 '엄마처럼 살지 않을 거야'라는 다짐은 물거품이 됩니다. 내 자존감을 챙겨야 아이에게도 높은 자존감을 물려줄 수 있어요.

부모 자존감부터 회복하라

아이가 유난히 말을 안 들을 때가 있어요. 제 아이도 그런 적이 있어요. 평소보다 짜증을 많이 내고 화도 많이 냈어요. 그럴 때 저는 화장실에 가서 거울을 봤어요. '요즘 내가 그랬나?' 곰곰이 생각해보면 그 안에 진실이 담겨 있었어요. 제가 그런 게 맞더라구요. 엄마가 짜증이 늘고 화가 많아지니까 아이도 그랬던 거였어요. 아이의 문제가 아니라 제 문제였던 거예요.

부모는 자식의 거울이라고 합니다. 나는 어떤 거울일까, 한번 생각해보세요.

"저희 애는요, 자기 할 일도 제대로 못 하면서 실수를 조금만 하면 아주 난리가 나요. 너무 완벽주의자예요."

이렇게 말하는 어머니에게 "집에 혹시 비슷한 분이 계신가요?" 하고 여쭤봤어요. 그랬더니 "아……. 제가 무슨 일이든 좀 완벽하게 하려는 경향이 있어요" 하더라고요. 그래서 처방을 내려드렸어요.

"어머님이 완벽하지 않은 모습을 보이시면 돼요. 실수를 하더라도 그냥 아무렇지 않게 '아유, 또 이랬네. 다음에는 잘해야지' 하면 아이도 점점 그렇게 됩니다."

아이의 모습은 거의 대부분 부모에게서 온 거예요. 1,395쌍의 부모와 12세 자녀 1,236명을 대상으로 관찰해봤더니 아이들은 부모의 자존감 수준을 닮아간다는 결과가 나왔습니다. 여자아이들은 엄마의 자존감을 쏙 빼닮고, 남자아이들은 아버지의 자존감을 닮아요. 제가 강연 중에 이렇게 말씀드리면 "안 되는데……!" 하면서 다들 탄식하세요. 그런데 이건 너무나 당연한 사실이에요.

11~12살짜리 아이들 174명을 대상으로 한 또 다른 연구를 보면 부모의 자존감 수준에 따라 아이와의 대화가 어떻게 달라지는지 알 수 있습니다. 자존감이 낮은 부모들은 아이에게 습관적으로 모욕적인 말을 했어요.

"나는 안 그랬는데 너 같은 아들이 어디서 나왔는지 모르겠다", "너희 누나는 그렇게 잘하는데 넌 대체 뭐가 문제야?", "나는 일까지 하면서 학교를 다녔어. 너는 공부 하나만 하면 되는데 그걸 못 해?", "관둬! 너는 해봤자 안 돼." 전부 다 모욕적인 말이에요. 아이가 뭔가를 잘못하면 그 잘못만 지적하면 돼요. 다른 누군가와 비교하고 '너는 그래서 안 된다'는 식으로 폄하하면서 가능성마저 부정해버리면 안 됩니다. 이런 말을 듣고 자라면 그 아이들 역시 자존감이 낮고 불안할 수밖에 없어요.

다음은 부모님들의 자존감 상태를 알아보기 위한 몇 가지 항목들입니다. 나는 '예스'에 해당하는지, '노'에 해당하는지 한번 생각해보세요.

모임이 있는데 옷을 이것저것 입어보고는 '이 옷은 내 피부색이랑 안 맞아', '이건 너무 뚱뚱해 보여' 이러다가 결국 '아, 못 나가겠어'라고 한 날 있으신가요? 결국 나가긴 했지만 내 모습이 남보다 못한 것 같아서 자꾸 신경이 쓰인 적은요?

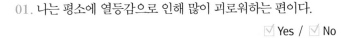

self-esteem scale test
부모 자존감 체크리스트

01. 나는 평소에 열등감으로 인해 많이 괴로워하는 편이다.

☑ Yes / ☑ No

02. 아이와 대화할 때 마지막 한마디는 꼭 내가 하고 끝낸다.

☑ Yes / ☑ No

03. 나는 내 가치를 우리 아이의 성적이나 성과에 담고 있다.

☑ Yes / ☑ No

04. 다른 사람들에게 관대한 반면 자신에게는 굉장히 엄격하다.

☑ Yes / ☑ No

열등감은 사람을 무척 힘들게 하는 감정이에요. 어느 자리에서건 남과 나를 비교하는 사람들이 있어요. 누가 어떤 옷을 입고 왔는지, 누가 어떤 차를 끌고 왔는지 다 살펴보면서 나의 위치를 가늠하는 거지요. 내가 제일 돋보이고 싶고, 내가 늘 이겨야 한다는 마음이 있는 건 열등감이 높은 거예요. 자존감이 높으면 내가 꼭 1등을 하지 않아도 되고, 내가 가장 예쁘지 않아도 돼요. 다른 사람더러 나를 알아달라고 하지도 않습니다.

다섯 살짜리 아이랑 다투면서도 꼭 마지막 한마디는 본인이 해야 직성이 풀리는 분들이 있어요. 저는 그런 분들에게 여쭤보곤 해요. "어린 아이를 이겨서 뭐 하시게요?" 아무한테도 도움이 안 되거든요. 그럼에도 불구하고 아이와 자존심 싸움을 하는 거예요. 그러면서도 아이가 어디 가서 지고 오면 마음이 너무 안 좋아요. 아이의 실패를 나의 실패로 여겨서 그래요. 마찬가지로 아이의 성공이 나의 성공이라고 여기겠죠.

이런 부모님은 자기 자신이나 자녀에게 엄격할 수밖에 없어요. 다른 사람들에게는 관대하지만 본인과 아이에게는 기대치가 엄청 높거든요. 그러다 보니까 실수를 용서하지 못해요. 용납이 안 되는 거예요. 그래서 행복해지기가 참 힘들어요.

제가 이런 말씀을 드릴 때면 부모님들의 표정이 한결같이 어두우세요. 하지만 아직 늦지 않았습니다. 지금이라도 악순환의 고리를 끊으면 돼요. 이제까지의 나는 자존감이 낮았지만 앞으로의 나는 어떤 부모가 될지 지금 선택할 수 있거든요. 내가 행복해지면 아이도 행복해

0.1%의 비밀

질 수 있어요. 나를 위해서, 그리고 아이를 위해서 부모의 자존감부터
회복해야 합니다.

아이와 함께 행복해지는 길

아이 문제가 아니라 부모님 자신의 문제로 저를 찾아오는 분들
이 점점 많아지고 있어요. 저는 강연을 다니면서도 늘 이렇게 말씀드
려요.

"어머님, 상담 받으셔도 돼요. 아버님도 상담 받으시면 됩니다. 내
문제부터 해결해야 해요."

내 상처 때문에 아이에게 자꾸 상처를 준다면 그건 아이의 문제가
아니라 내 문제예요. 안전한 공간에서 내 문제를 다 터놓을 수 없다면
중요한 자리에서도 역시 말이 나오지 않아요. 아이에게도 이야기를 안
하게 되어 있어요. 그렇죠?

이미 지나간 내 어린 시절의 상처를 보듬어줄 사람은 나밖에 없어
요. 아이를 어떻게 칭찬할까, 하는 점만 고민하지 마시고 '나'를 바라
보세요. 힘든 때도 많았지만 잘 지나왔다, 나도 이겨낸 게 많구나, 잘했
다, 하고 나를 칭찬해주세요. 그 이유가 특별할 필요는 없어요. 지난 한
주를 열심히 살아온 나, 어제 하루를 또 버텨낸 나를 칭찬하는 거예요.
"아유, 아니에요"라고 하지 마세요. 받아들일 건 받아들이고, 칭찬할

건 칭찬하면 돼요.

그리고 스스로를 좀 용서하세요. 몇 년 전에 혹은 그보다 더 오래전에 내가 잘못 선택한 것들, 잘못 말하고 행동한 것들, 잘못된 관계들. 이제 털어버려도 괜찮아요. 용서는 남을 위해서 하는 게 아니라 나 자신을 위해서 하는 거예요.

어떻게 보면 우리 세대는 자존감이 낮을 수밖에 없어요. 지금까지 그렇게 살아왔거든요. 내가 누군지 모르고, 내가 무엇을 잘하는지도 몰라요. 인생의 의미나 목적을 생각해본 적도 별로 없어요. 그런 것에 관심을 가져야 한다고 배우지를 못했어요. 영적인 성장이 없었던 거예요. 지적인 성장만 강요받았기 때문에 육체적, 사회적, 도덕적, 감정적 성장도 늘 뒤로 미뤄야 했어요. 그 결과 삶이 불균형해졌고, 행복은 멀어졌어요. 그리고 다시 아이들에게 "공부해" 소리만 하는 부모가 된 거예요.

"공부나 해!"라는 말은 한국 부모님들에게 거의 습관이 된 것 같아요. 아이가 내 맘 같지 않을 때는 물론이고 화가 나거나 말문이 막힐 때, 심지어 딱히 할 말이 없을 때도 저 말이 나와요. 저와 상담을 한 고등학생 한 명은 용기를 내서 아버지에게 "사랑합니다!" 하고 외쳤는데, 아버지가 깜짝 놀라시면서 "어……. 그래, 가서 공부해라" 하시더래요. 나중에 아버님에게 왜 그러셨느냐고 여쭤봤더니 너무 당황해서 매번 생각 없이 하던 말이 튀어나왔대요.

저는 지금껏 수많은 국적과 인종의 부모님들을 만나왔어요. 그런데 오로지 한국 어머니들만 할 수 있는 게 있어요. 흑인 엄마나 백인 엄마는 못 해요. 히스패닉 엄마도 못 해요. 심지어 중국 엄마들도 이건 안 하세요. 그게 뭐냐면, 눈에 힘을 딱 주고 "스읍-!" 하고 숨을 들이쉬면서 입술을 앙다무는 거예요. 보통 아이의 말이 좀 길어진다 싶으면 엄마 입에서 "스읍-!" 소리가 나와요.

요즘 아이들은 자기 생각을 뚜렷하게 얘기하고 정확하게 전달할 때 칭찬을 받아요. 그런데 집에 와서 "엄마, 저는 그렇게 생각하지 않아요"라고 하니까 엄마가 "스읍-!" 하면서 말을 막아버려요. 왜 그러는 걸까요? 부모의 자존감이 낮고 자존심이 강하기 때문에 아이의 말을 자신에 대한 도전으로 받아들이는 거예요. 그러니까 그냥 "스읍-!" 하면서 눌러버리는 겁니다. 하지만 아이는 부모님의 권위에 도전하거나 부모님의 논리를 공격하려고 그러는 게 아니에요. 그냥 자기 생각을 말하는 거예요. 그냥 "그래? 네 생각은 어떤지 얘기해봐" 하면 돼요.

내가 아이들보다 항상 많이 알아야 하는 건 아니에요. 내가 늘 옳아야 하는 것도 아니에요. 그 사실을 인정하는 것이 나의 자존감을 한 단계 높이는 방법이에요. 부모의 진짜 기쁨은 어디에 있을까요? 내가 몰랐던 것을 아이가 얘기해줄 때예요. 아이에게 배울 자세가 되어 있는 부모는 행복할 준비가 되어 있다고 할 수 있어요.

아이를 보기 전에 먼저 '나'를 돌아보셨으면 좋겠어요. 아이가 공부하길 원하기 전에 부모님이 먼저 공부를 해보세요. 공부라고 해서 수학 문제를 풀거나 자격증을 따라는 게 아니에요. 그저 나 자신의 성장에도 신경을 쓰셨으면 하는 거예요. 아이들은 부모님의 그런 모습을 너무나 좋아합니다. 최고로 똑똑한 엄마나 아빠가 되지 않아도 좋습니다. 그냥 나만의 최고의 모습으로 사시면 됩니다. 그 행복감을 한번 느껴보세요.

그러고 나면 아이를 보는 시선도 달라져요. 내 아이 또한 1등이 아니어도 그 아이만의 최고의 모습으로 살면 된다는 걸 알게 되거든요. 최고의 모습이라는 건, 아까 말씀드렸듯이 고루 성장해가는 모습이에요. 건강한 몸과 마음을 가지려 노력하고, 다른 사람과 원만하게 어울리며 꿈을 추구하는 모습이 아이에게서 보인다면 정말 부모로서는 할 일을 다 하신 거예요.

부모님이 높은 자존감을 가지고 행복하게 사는 모습을 보여주면 아이들은 그러지 말라고 말려도 저절로 따라 하게 되어 있어요. 그게 바탕이 되어 있다면 이제 아이를 믿고 지켜보세요. 자기가 소중한 만큼 다른 사람도 소중히 여기는 사람, 자기가 한 공부를 통해 이 사회를 이끌어가는 사람, 실패를 하더라도 반드시 일어나는 오뚝이의 힘을 가지고 있는 사람. 우리 아이들은 반드시 할 수 있습니다.

어떤 교육이나 마찬가지겠지만, 자존감 교육에 있어서도 가장 중요한 건 바로 본보기입니다. 어쩌면 상위 0.1퍼센트의 비밀은 바로 '나'에게 있는 것이라고 말할 수 있을지 모릅니다. 그래서 제가 부모님들에게 마지막으로 당부해드리고 싶은 건 바로 부모님 자신의 행복입니다. 먼저 행복하세요. 그러면 함께 행복해질 것입니다.

아이를 보기 전에 먼저 '나'를 돌아보셨으면 좋겠어요.
아이가 공부하길 원하기 전에 부모님이 먼저 공부를 해보세요.
공부라고 해서 수학 문제를 풀거나 자격증을 따라는 게 아니에요.
그저 나 자신의 성장에도 신경을 쓰셨으면 하는 거예요.
아이들은 부모님의 그런 모습을 너무나 좋아합니다.

3

0.1% SECRET

AI 시대에 살아남는
창의성의 비밀

몰랐던 세상이 온다

인간만이 가진 능력

컴퓨터는 하지 못하는 '두 번째 생각'

지식에서 지혜로

1.

몰랐던
세상이 온다

부모는 아이의 미래를 볼 수 있을까?

많은 부모가 자신의 아이가 훌륭한 사람으로 자라길 바랍니다. 아이가 그저 그런 사람이 되기를 바라는 분은 아마 없을 거예요. 그래서 아이에게 항상 물어보죠. "너는 커서 뭐가 될래?" 하면서 아이들이 꿈을 가질 수 있도록 이야기를 많이 해주십니다. 그러면서 부모가 원하는 바를 넌지시 주입하기도 해요.

초등학생들이 적어낸 장래희망을 보면 아이보다는 부모님이 희망하는 듯한 직업들이 있습니다. 그럴 수밖에 없어요. 2019년 한국직업능력개발원에서 전국에 있는 초등학교 6학년 어린이 약 7,500명을 상대로 조사한 자료에 의하면 아이들이 직업에 대한 정보를 가장 많이 얻는 경로가 바로 부모님이라고 합니다. 꼭 "너는 이거 해라!" 하는 게 아니라 아이가 원하거나 좋아하는 일, 아이에게 잘 맞거나 유망한 직업 등 미래에 대해 다양한 이야기를 나눈다는 거예요.

여기서 한 가지 짚고 넘어갔으면 하는 문제가 있습니다. 부모는 정말로 아이의 미래를 제대로 들여다볼 수 있는 사람일까요? 어떻게 생각하세요? 답이 벌써 정해져 있는 것 같죠? 맞습니다. 아이의 미래에 대해 알기란 참 쉽지 않아요.

얼마 전에 공원에서 한 아이랑 엄마를 보았습니다. 다섯 살 정도 되어 보이는 아이는 여기저기 뛰어다니며 재미있게 놀고 있었습니다. 그리고 10미터쯤 떨어진 곳에서 엄마가 흐뭇하게 그 모습을 보고 있는 거예요. 그러다가 엄마가 아이를 불렀어요. "○○야! 이제 밥 먹으러 가자!" 하면서 두 팔을 활짝 벌리니까 아이가 엄마를 향해 막 뛰어가더라고요. 누가 봐도 행복한 모습이죠.

그런데 절반쯤 뛰어오던 아이가 갑자기 꽈당 넘어졌어요. 무릎에 생채기도 나서 빨갛게 됐습니다. 그러니까 엄마가 얼마나 속상했겠어요? 아이한테 막 달려가더니 이러시더라구요.

"아휴, 내가 그럴 줄 알았어!"

사실은 몰랐죠. 정말로 아이가 거기서 넘어질 줄 알았다면 엄마가 5미터 앞에 가서 기다리고 있어야 했어요. 그런데 마치 자기가 미래를 알고 있었던 것처럼 얘기해요.

부모님들이 상당히 자주 하는 말이에요. "그러게 조심하지. 너 그럴 줄 알았다." 모든 부모가 어떤 일이 일어나면 이미 알고 있었던 것처럼 이야기합니다. 저는 어릴 때 궁금했어요. 왜 우리 엄마는 다 알고 있었다고 하지? 왜 우리 아버지는 다 알고 계신 것처럼 그러지? 나중에 알고 보니까 이게 심리학자들도 연구한 주제더라구요. 'I knew it all along effect', 일명 '다 알고 있었어 효과'입니다.

왜 그 아이의 엄마는 아이에게 일어날 일을 알고 있었던 것처럼 말했을까요? 사실은 몰랐음에도 불구하고 말입니다. 아이가 넘어졌을 때 엄마도 분명 당황하고 놀랐어요. 그런데 그러면 안 된다고 생각한 거예요. 부모이자 어른인 나는 당황하면 안 된다고 생각한 거죠. 그래서 마치 알고 있었던 것처럼, 예측하고 있었던 것처럼 이야기를 하면

0.1%의 비밀

서 그 위기를 심리적으로 모면하는 겁니다.

심리학에서는 이 효과에 대해 50년 넘게 연구했어요. 이게 얼마나 위험하고 부작용이 많은 말인지 우리가 알아야 합니다. 몰랐는데 알았다고 얘기하는 건 큰 심리적 함정을 만들어내요. 왜일까요? 그렇게 하면 정말 알고 있었던 것으로 우리의 기억이 바뀌거든요.

세상은 분명 변하고 있다

우리는 아이들한테 일어날 일들을 모릅니다. 부모이기 때문에 더 모를 수밖에 없습니다. 나는 내 아이보다 훨씬 나이가 많거든요. 사람은 나이가 들수록 더 많은 정보를 얻고 더 많은 경험을 하면서 원숙해집니다. 아이들이 고민하는 것들은 더 이상 고민하지 않을 만큼 경험의 차이가 상당해요. 반면에 나이가 들어가면서 어쩔 수 없이 생기는 약점이 있습니다. 물론 모든 사람이 이런 약점을 가지게 되는 건 아니지만, 그럴 가능성은 굉장히 커지게 되지요.

조르디 쿠아드박(Jordi Quoidbach)과 댄 길버트(Dan Gilbert)라는 심리학자가 있습니다. 아주 유쾌하면서도 통찰력 있는 연구를 많이 하는 걸로 유명한 분들이에요. 이 사람들이 몇 해 전에 재미있는 연구 결과를 또 한 가지 발표했습니다.

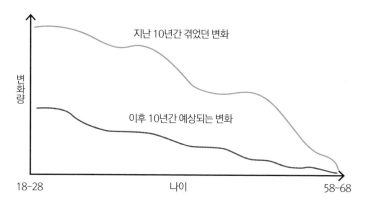

인간은 언제나 미래를 과소평가한다

변화량

지난 10년간 겪었던 변화

이후 10년간 예상되는 변화

18-28   나이   58-68

출처 | Quoidbach, Gilbert & Wilson, 2013

위에 있는 초록색 곡선은 사람들한테 이렇게 물어본 결과입니다. '지난 10년간 세상이 얼마나 변했나요?' 엄청 변했다고 얘기하는 사람도 있고 조금밖에 안 변했다고 얘기하는 사람도 있지요.

그래프 가로축이 뭘 나타내는지 한번 보세요. 연령대가 점점 올라가고 있어요. 10대, 20대는 지난 10년간 세상이 많이 변했다고 해요. "어마어마하게 변했네요!" 이런 얘기를 합니다. 그런데 나이가 들어가면서 다른 10년, 또 다른 10년, 또다시 다른 10년을 경험하다 보니까 어떤가요? 60대, 70대가 되면 "변하기는 뭘. 다 거기서 거기지" 합니다. 세상의 변화를 젊은 사람들보다 훨씬 작게 추정해요.

그런데 모든 연령대에서 동일하게 보이는 패턴이 있어요. 회색 곡선은 '앞으로 10년은 얼마나 변할까요?'라는 질문에 대한 답이에요. 10

대부터 70대에 이르기까지 모두 회색 곡선이 초록색 곡선 밑에 있습니다. 지난 10년의 변화보다 앞으로 다가올 10년의 변화가 더 적을 거라고 생각한 거예요. 과거의 10년 동안 세상이 100만큼 변했다고 얘기를 했다면 앞으로 10년 동안은 30 정도만 변할 거라고 예측한 거죠. 모든 연령대가 3분의 1로 축소해서 예측했습니다.

재미있는 건 두 곡선 모두 나이가 들면서 확 떨어진다는 사실이에요. 50세가 넘으면 "지난 10년도 비슷했어. 앞으로도 안 변해" 이렇게 됩니다. 그러니까 예전의 규칙대로 아이의 미래를 설계할 가능성이 큰 거죠.

물론 모든 사람이 똑같은 현상을 보이는 건 아닙니다. 50대는 물론이고 60대, 70대가 되어도 20대의 지점에 와 있는 분들이 계세요. 여전히 마음이 20대인 분들인 거죠. 하고 싶은 것도 많고, 갖고 싶은 것도 많고, 좋아하는 것도 많은 분들입니다. 저는 농담 반, 진담 반으로 이런 유형을 '히딩크형 인간'이라고 말합니다. 'I am still hungry(나는 여전히 배고프다)'인 거예요.

하고 싶은 게 많은 사람들 입장에서는 세상이 고정돼 있으면 안 돼요. 더 많이 변해야 기회도 많아지니까요. 그리고 그런 분들은 실제로 세상이 자꾸 변한다고 느끼세요. 앞으로도 많이 변할 거라고, 변했으면 좋겠다고 생각을 하죠. 이런 게 바로 청년의 마음이에요. 젊게 산다는 건 결국 저 곡선에서 왼쪽으로 더 오는 겁니다.

문제는 20대나 30대임에도 70대, 80대 지점에 가 있는 분들이에요.

"세상은 잘 안 변해" 하는 분들인데요. 과연 어떤 사람이 그럴까 싶어서 저 같은 인지심리학자들이 연구해봤더니 가슴 서늘한 결과가 나왔어요. 세상이 변하지 않는다는 사람들은 세상이 변하지 않아야 하는 사람들이에요. 바로 최근에 큰 성과를 낸 사람들입니다. 그런 사람들은 자신의 성과가 최대한 오래갔으면 좋겠다는 소망을 은연중에 갖게 되지요. 그 소망이 만들어낸 생각이 바로 '미래는 지금 같을 것이다'라는 거예요. 그래서 큰 성공을 거둔 직후에 미래를 잘못 예측한 사람들이 참 많습니다.

집에서 쓰는 컴퓨터는 퍼스널 컴퓨터, PC라고 하죠. PC에 대비되는 개념으로 상업용 컴퓨터가 있습니다. 예전에 학교나 기업에 있었던 대형 컴퓨터들이죠. 디지털 이퀴프먼트 사의 설립자이자 회장인 캐네스 올슨은 1970년대 초반에 상업용 컴퓨터로 전 세계 컴퓨터 시장을 99퍼센트 장악했습니다. 그리고 그 직후에 가진 인터뷰에서 이렇게 얘기했어요. "집에 개인용 컴퓨터를 가지고 있을 이유가 없다." 좋은 컴퓨터가 학교와 회사에 다 있는데 어떤 정신 나간 사람이 텔레비전보다 비싼 값을 주고 컴퓨터를 집에다 갖다놓겠느냐는 거예요. 그러면서 PC 시장은 절대 오지 않을 거라고 했지요. 이 발언은 인류 역사상 가장 바보 같은 예측 중 하나로 꼽힙니다. 디지털 이퀴프먼트 사는 결국 10년도 버티지 못한 채 공중분해가 됐지요. 성공을 거둔 CEO의 잘못된 예측으로 미래 시장을 준비하지 못한 겁니다.

이런 일은 그 후에도 반복됩니다. 80년대, 90년대 초반까지 컴퓨터

0.1%의 비밀

를 사용했던 분들은 MS-DOS라는 걸 기억하실 거예요. 지금 생각하면 정말이지 반인륜적인 오퍼레이팅 시스템이었습니다! 컴퓨터를 딱켜면 검은색 화면에 C가 땡땡땡땡 깜빡여요. 그때는 C드라이브에서 D드라이브로 파일을 옮기는 일조차 간단하지 않았어요. 그 MS-DOS로 PC의 초창기 오퍼레이팅 시스템을 완전히 장악했던 빌 게이츠조차도 "640킬로바이트면 모든 사람에게 충분한 메모리 용량이다"라는 말을 한 적이 있습니다. 하지만 어떻게 되었나요? 지금은 사은품으로 나눠주는 USB도 30기가는 됩니다.

인간은 언제나 미래를 과소평가합니다. 하지만 세상은 분명 변하고 있습니다. 어쩌면 우리가 생각하는 것보다 훨씬 빠른 속도로 말이죠.

어른들의 눈에는 보이지 않는 것

가정도 사회와 크게 다르지 않은 것 같습니다. 성공을 많이 한 부모일수록 아이들의 미래를 잘못 예측할 가능성이 커요. 우리가 한번쯤 고민해봐야 할 문제인데요. 이상하게도 성공 에피소드를 많이 가지고 있는 분들일수록 '꼰대'가 되기 쉽습니다.

좋은 건 아니지만 이 꼰대라는 말은 20세기 초반, 거의 100년 전부터 회자되고 있어요. 사라지지 않고 있습니다. 특히 가정에서는 아버지들이 자식들에게서 꼰대 같은 얘기를 한다는 불평을 듣고 있거든요.

그런데 그런 분들을 조사해보면 의외로 사회에서 큰 성공을 경험한 분들이 많습니다. 그리고 그분들의 성공이 바로 그 시대의 성장을 이 끌었습니다. 그러니까 개인적으로나 사회적으로도 참 자부심을 느낄 만한 일인 거예요.

하지만 안타까운 점이 있어요. 한 시대의 성장의 원동력은 다음 시 대 성장의 걸림돌이 되는 경우가 비일비재하다는 것입니다. 그분들의 성공은 그분들이 자라온 시대의 규칙과 미덕을 토대로 한 거예요. 그 게 우리 아이들 세대에도 적용되는 규칙이나 미덕은 아니라는 거지요. 물론 일반적이고 공통적인 가치도 있습니다. 주어진 일을 열심히 한다 거나 사람을 성의 있게 대하는 태도 같은 것들은 지금도 중요하지요. 그러나 그 외의 구체적인 부분들은 달라요. 성공을 했던 분들이 오히 려 가장 틀릴 수 있어요.

꼰대라고 불리는 사람들의 특징을 보면 자신의 성공을 자꾸 '설명' 해요. 그리고 실패는 '묘사'합니다. 설명은 다른 사람들을 납득시켜야 하는 거예요. 그러다 보니까 듣는 사람에게 맞게 자기 이야기를 각색 하게 되지요. 성공의 주인공은 자기 자신이어야 해요. 그래서 1인칭으 로 얘기를 합니다. "그때 말이야, 내가 혼신의 힘을 다했잖아! 밤을 새 서 일하고, 거래처 대표를 찾아가서 3일 동안 기다리고 그랬어." 이런 이야기 많이 들어보셨죠? 듣다 보면 거의 신화예요.

그런데 실패 경험담을 얘기할 때는 그 일에서 자기 자신이 쏙 빠져 요. 갑자기 멀리서 풍경을 바라보듯 당시 상황을 묘사하기 시작합니

0.1%의 비밀

다. 묘사는 그대로 기록하듯 말하는 거예요. 일단 중동에서 석유파동이 한번 일어나요. 미국발 외환위기가 닥치고, 남북관계는 경색되고… 그러면서 실패를 둘러싼 요인들만 말해줘요.

이런 사람들에게서는 배울 게 별로 없어요. 사실 성공에 있어서 정말 우리가 알고 싶은 건 그 성공을 가능하게 한 여건과 상황입니다. 성공을 이룬 사람의 투지와 노력에 관해서만 들으면 전혀 그런 정보를 얻을 수가 없어요. 그리고 실패에 관해서는 그 사람이 무슨 실수와 잘못을 했는지, 어떤 점을 간과하고 혹은 빠뜨렸는지 들으면서 배워야 하는데 그냥 역사적 사건만 묘사하거든요. 그러니까 양쪽 모두 듣는 사람에게 교훈을 주지 못하는 거예요.

다음 세대에게 도움이 되려면 반대로 해야 해요. 성공은 묘사하고 실패는 설명해야 합니다. 정말로 그런 사람이 있어요. 성공한 경험에 대해 말할 때는 "내가 그때 운이 참 좋았어"라고 합니다. 그 당시 법규가 어떻게 바뀌고, 국제 정세는 어땠는지 얘기를 해줘요. 듣는 입장에서는 '아, 일을 할 때는 그런 상황을 대비해야겠구나' 하면서 굉장히 좋은 정보를 얻게 됩니다. 그리고 실패에 대해 이야기할 때는 설명을 하는 거죠. 자기가 뭘 제대로 안 했는지, 어떤 점이 부족했는지 말해주는 거예요. 그러면 듣는 사람들은 그런 부분을 보완할 수 있습니다. 얼마나 도움이 되겠어요.

세계적인 언어심리학자 마이클 토마셀로(Michael Tomasello)는 이렇게 얘기했어요.

"이 지구상에서 한 번도 예외 없이 일어났던 일이 있다. 모든 세대는 그 이전 세대보다 더 지혜롭고 다음 세대보다 덜 지혜롭다."

내용의 진위여부를 떠나서 이 말을 받아들이는 자세를 보면 그 사람이 어떤지 알 수 있어요. 어떻게 보면 불편할 수 있는 말이잖아요. 어떤 분들은 노발대발하세요. "뭐? 모든 세대가 다음 세대보다 멍청하다고? 요즘 젊은 애들이 뭘 안다고 그래? 어디서 말도 안 되는 말을 하고 있어?" 이러시거든요? 이렇게 화내는 분들일수록 배울 점이 별로 없더라구요. 그런데 "맞아. 내가 살아보니까 진짜 맞는 말이야. 요즘 사람들 참 못 따라가겠어" 하는 분들을 보면 배울 게 참 많은 분들이에요. 이런 태도를 가지고 계신 분들이 드뭅니다.

인터넷을 찾아보면 꼰대 십계명이라든지 꼰대가 되지 않는 법칙 같은 글이 굉장히 많이 나옵니다. 어떤 사람도 나이를 거꾸로 먹을 수는 없어요. 우리는 점점 선배 세대가 되어 가는 중이고, 앞으로 더 많은 후배 세대, 그리고 자녀 세대를 만나게 될 것입니다. 그들에게 좋은 본보기가 되는 건 나의 위대한 업적이 아니에요. 나의 위대한 성공도 아닙니다. 그런 것들이 오히려 새로운 세대와의 대화를 망치고, 나로 하여금 미래를 제대로 보지 못하게 만듭니다.

부모님들이 살아온 지난날에 대해서 아이와 이야기를 나누고 싶다면 꼭 기억하셔야 합니다. 성공은 묘사하고 실패는 설명하라. 어렵게 생각하지 않아도 됩니다. 첫마디만 잘 꺼내면 돼요. 성공에 대해 이야기할 때는 "그때는 운이 참 좋았어"라고, 실패에 대해 이야기할 때는

0.1%의 비밀

"내가 뭘 잘못했냐면" 하고 시작하면 됩니다. 그렇게 해야 자녀에게 진정으로 도움을 줄 수 있고, '우리 부모님은 배울 점이 많은 분이구나'라는 느낌도 줄 수 있어요.

아이 앞에서 실패의 경험을 꺼내는 것, 나의 부족한 측면을 드러내는 것에 주저하지 마세요. 어른이라고 해서 다 아는 것도, 다 알아야하는 것도 아니니까요. 이 점을 인정한다면 더 넓은 시각과 열린 마음으로 아이와 함께 미래를 바라볼 수 있지 않을까 싶습니다. 아이의 미래를 대비할 준비가 된 거라고 할 수 있지요.

창의성은 상황이 만든다

"아이들이 기대한 것보다 어른들은 멍청하다."

유명한 인지심리학자 앨리슨 고프닉(Alison Gopnik)의 말입니다. 앨리슨 고프닉 교수는 아동학습과 인지발달 분야에서 세계 최고의 권위자라고 할 수 있습니다. 수많은 실험과 연구를 통해 아기들이 어떻게 사물을 인식하고, 언어를 배우는지 밝혀낸 분이에요.

앨리슨 고프닉의 저서 『요람 속의 과학자』에 따르면 어린아이들은 인간이 만들어낸 컴퓨터랑은 비교할 수 없을 만큼 정교한 프로그램을 가지고 있대요. 그 프로그램으로 부모를 관찰하고 모방하면서 사람들이 무슨 생각을 하는지, 사물을 어떻게 보는지 알아냅니다. 자기 말소리를 파악하기 위해 옹알이를 하기도 하고요. 생각하고, 예측하고, 결과를 이끌어내고, 실험을 수행하는 능력까지 있어요. 아이가 세상을 분석하고 학습하는 과정은 꼭 과학자 같습니다. 그래서 그 책의 제목이 『요람 속의 과학자』예요.

아이들은 어른들이 생각하는 것보다 훨씬 똑똑합니다. 그런데 꽤 많은 부모가 아이에 대해 속단해요. 최근에는 공부도 유전이라는 믿음이 강해져서 머리 좋은 건 물론이고 의지나 끈기 같은 것도 전부 다 타고나는 거라고 생각하는 분이 많더라고요. 그래서 그런지 아이가 아직 어린데도 불구하고 "공부는 아닌 것 같아요", "내성적이라서 리더 타입은 못 돼요" 이렇게 얘기하세요.

인간은 수많은 능력을 타고납니다. 후천적으로 개발되기보다는 선천적으로 결정되는 것들이 많아요. 대표적인 게 바로 지능과 성격이에요. 그렇다면 공부는 타고난 사람만 해야 하는 걸까요? 그건 아니에요. 지능과 성격 자체가 공부를 잘하고 못하고를 결정하는 것은 아니거든요. 게다가 이제는 공부만 잘하면 되는 세상이 아니에요. 창의적 인재라고 해서, 기본적인 지식 위에 창의성까지 갖추길 요구하고 있습니다. 부모님들의 걱정이 하나 더 늘어난 셈이죠.

그래서 그런지 최근에는 이런 말을 하는 분도 많아요. "우리 애는 공부는 제법 하는데 창의성이 떨어져요." 그러면서 저한테 물어보세요. "어떻게 해야 창의성을 키울 수 있을까요?"

인지심리학자들이 무수한 연구를 통해 얻은 결론은 한결같습니다.

0.1%의 비밀

능력보다 무섭고 강한 게 상황이라는 거예요. 창의성도 예외는 아니에요. 창의적인 사람과 그러지 않은 사람이 있다기보다는 창의성을 발휘할 수 있는 상황과 그렇지 못한 상황이 있는 거예요. 요즘 '될놈될'이라는 말이 있잖아요. '될 놈은 된다.' 창의성에 한해서는 그 말을 이렇게 바꿀 수 있을 것 같아요. '될 상황에서는 된다.'

머리가 나쁘다거나 사회적으로 불리한 성격이라고 해서 자책할 필요도, 포기할 필요도 없습니다. 창의성이 전혀 없다고요? 노력해봤자 소용이 없다고요? 그렇지 않습니다. 노력하는 것도 당연히 중요하지만, 상황을 내 편으로 만드는 것이 먼저입니다.

인공지능 시대에 인간이 내세울 수 있는 능력은 무엇일까요? 앞으로 다가올 세상은 왜 창의적인 인재를 원하는 것일까요? 아이들이 기본적인 지식에 창의성까지 갖추려면 어떻게 해야 할까요? 창의성을 발휘할 수 있는 상황이란 대체 어떤 것일까요? 이제 여러분과 함께 이 궁금증들을 풀어보도록 하겠습니다.

2.

인간만이
가진
능력

기질이라는 특성

인지심리학을 공부하는 외국의 많은 학자가 이런 말을 해요. "한국 사람들 참 특이해." 정말로 이렇게 말합니다. 사실 어느 나라 사람들이나 본인들에 대해 독특하다거나 특별하다는 얘기를 해요. 그런데 한국 사람들은 외국 사람의 눈으로 봐도 유난히 특이하다는 거죠. 심지어 제가 잘 아는 외국 심리학자는 사석에서 그러더라고요. 지구상에 사는 75억 인류를 두 종류로 나눈다면 한국 사람과 한국 사람이 아닌 사람으로 나눌 수 있을 거래요. 그래서 저는 강연을 시작할 때 "내가 보편적인 인류라는 생각을 버리세요" 하고 말씀드립니다.

한국 사람들이 얼마나 특이하냐면, 보편적인 이론도 적용이 안 돼요. 2002년에 노벨 경제학상을 받은 대니얼 카너먼(Daniel Kahneman)이라는 심리학자가 있습니다. 굉장히 유명한 분이죠. 이분도 인지심리학자예요. 사람의 생각이 어떻게 작동하는지 밝혀내는 사람이지요. 재미있는 건 이런 대학자의 이론도 우리나라 사람들 앞에서는 무너져버린다는 겁니다. 한번 증명해볼까요?

게임 A   1억 원을 딸 확률 100%

게임 B   1억 원을 딸 확률 89%, 5억 원을 딸 확률 10%, 아무것도 따지 못할 확률 1%

두 가지 게임이 있습니다. 게임A는 1억 원을 딸 수 있는 확률이 100 퍼센트예요. 이 게임을 하면 무조건 1억을 받는 거예요. 게임B는 5억을 딸 확률이 10퍼센트나 되지만 아무것도 따지 못하는, 쉽게 말해 꽝이 될 확률도 1퍼센트 있어요. 오늘 이 두 게임 중 한 가지만 할 수 있다면 어느 쪽을 고르시겠습니까?

강연 중에 제가 이 질문을 던지면 A를 택하는 분들과 B를 택하는 분들의 수가 보통 반반이에요. 전 세계에서 B를 택하는 사람이 이렇게 많은 나라는 한국이 거의 유일합니다.

모든 분들이 A를 선택하게 만들어드릴 수도 있어요. 금액을 확 높이는 거예요. A는 1조를 딸 확률 100퍼센트로 하고, B는 1조를 딸 확률 89퍼센트, 5조를 딸 확률 10퍼센트, 아무것도 따지 못할 확률 1퍼센트로 하는 거죠. 반대로 모든 분들이 B를 선택하게 만들어드릴 수도 있습니다. 1억 원을 1천 원으로, 5억 원을 5천 원으로 바꾸는 거예요. 그럼 다 B를 택하겠죠. 5천 원을 딸 확률이 10퍼센트라도 있고, 꽝이어도 별로 아깝지 않을 테니까요.

사실 대부분의 나라에서는 이 질문을 던질 때 1억과 5억이 아니라 100만 원과 500만 원을 제시합니다. 이렇게만 해도 연구 결과를 보면 대부분의 성인은 A를 선택해요. 그런데 이곳, 한국에서는 금액을 100배로 올려도 모험을 찾아 B로 떠나시는 분들이 절반이나 된다는 거예요.

왜 한국 사람들은 금전적으로 더 모험적인가? 연구를 안 해볼 수가

0.1%의 비밀

없죠. 실제로 지금도 이 점을 연구하고 있습니다. 여러 가지 재미있는 추측이 있지만, 제가 가장 신빙성이 있다고 생각하는 추측은 '한국 사람들의 성격이 기본적으로 특이하다'는 거예요.

인간이 태어날 때 부모님이 거의 결정해주는 것들이 있습니다. 그런 걸 '기질'이라고 해요. 기질이란 부모님에게서 물려받는 유전적 형질입니다. 심지어 성격의 상당 부분은 태아 시절에 어머니가 어떤 종류의 호르몬을 어느 정도 행사하느냐에 따라, 즉 태아에게 테스토스테론이나 에스트로겐이 얼마나 갔느냐에 따라 달라집니다. 결단력 있고 승부사적 기질이 있느냐, 아니면 공감과 소통을 중시하는 타입이냐, 하는 점이 결정되는 거죠.

지능도 상당 부분 그렇게 결정된다는 연구가 많습니다. 부모와 자녀의 지능, 그리고 성격의 상관지수는 우리가 상상할 수 있는 것보다 훨씬 높습니다. 정말 재미있는 건 부모들이 자녀에게 가지고 있는 가장 큰 불만이 이 두 가지라는 점이에요. "너는 왜 머리가 나쁘니?", "너는 성격이 왜 그러니?" 하는데 그걸 물려준 게 부모님이세요. 농담 삼아 드리는 말씀이지만 가해자가 피해자에게 화를 내는 격이죠. 그러니까 아이 탓을 하면 안 됩니다.

그렇다면 부모님의 지능과 성격은 누구한테 물려받은 것인가요? 그 부모님에게서 물려받았겠죠. 오래전부터 대대로 물려받은 지능과 성격일 거란 말이에요. 그래서 그 나라 사람들의 지능과 성격을 보면 의외로 많은 단서가 나옵니다. 정치나 경제, 사회, 문화는 200~300년

주기로 완전히 바뀌어요. 우리나라도 200년 전까지는 왕이 다스리던 왕조 국가였잖아요. 그런데 지금은 당시에는 상상도 하지 못했던 민주주의 국가이지 않습니까? 이에 비해 지능과 성격은 훨씬 더 긴 시간 동안 패턴이 유지될 수 있다는 거죠. 그래서 한국 사람도 그들만의 기질을 가지고 있는 것이죠. 'national temperament', 즉 '민족 기질'이라는 말이 있는 것도 무리가 아닙니다.

낙천적이지 않은 사람들

실제로 한국인의 기질을 연구하다 보면 한국 사람이 가진 성격의 특징을 발견할 수 있습니다. 그중 한 가지가 '낙천적이지 않다'는 것입니다. 한국은 낙천적인 성격을 가진 사람이 거의 없는 나라입니다. 제가 이렇게 말씀드리면 "교수님, 저희 큰아들이 낙천적이에요. 아무 걱정도 없는 애예요" 하는 분이 계세요. 하지만 그건 우리 눈으로 봐서 그런 거예요. 그 큰아드님은 국제적인 기준으로 보면 굉장히 진지하고 심각한 분입니다. 외국에서 낙천적인 성격을 가진 사람을 분류하는 기준을 보면 입이 저절로 벌어집니다. 저희 연구원들도 보고를 하면서 깜짝깜짝 놀라요.

"교수님! 외국에서 진행된 낙천성 연구인데요, 이런 사람들이 낙천적인 성격으로 분류된다고 합니다."

그 내용을 보니까 가정에서든 직장에서든 대인관계에 있어서든 일 년에 3회 이상 스트레스를 받지 않으면 낙천적인 사람이래요. 저는 오늘 아침에만 스트레스를 3회 이상 받았어요. 게다가 낙천적인 사람은 시험이나 면접 전날 불안을 느껴본 적이 없답니다. 말도 안 되는 거잖아요. 그래서 저는 낙천성 연구를 하고 싶어도 할 수가 없어요. 연구를 하려면 그 대상이 있어야 하잖아요. 우리나라에는 낙천적인 사람이 정말로 없거든요.

그런데 이런 사람들이 많은 나라가 있어요. 대표적인 곳이 아프리카의 나이지리아입니다. 왜 그럴까요? 우리 뇌 속에는 아난다마이드(Anandamide)라는 신경 전달 물질이 있는데, 이게 많이 나오면 기분이 좋아져요. 그래서 '몸속 마리화나'라고 불리기도 합니다. 불안한 기분이나 스트레스를 줄여주거든요. 이 아난다마이드가 분비되는 양을 따져보니까 나이지리아 1등이었어요. 대한민국은 76위입니다. 현재까지 76개국 사람들을 대상으로 측정했거든요. 즉, 꼴찌라는 거예요.

아난다마이드 분비량 순위는 해당 국가들의 낙천성 순위와 정확히 일치합니다. 전혀 낙천적이지 않은 한국 사람들 입장에서는 나이지리아 사람들을 이해할 수 없어요. 우리 눈에는 그 사람들이 게을러 보여요. 그런데 사실 그분들은 게으른 게 아니라 낙천적인 겁니다. 낙천적이라는 게 뭘까요? 낙천성의 핵심은 적게 가져도 쉽게 행복해지는 거예요. 이 말을 뒤집어서 생각해볼까요? 전 세계에서 가장 낙천적이지 않은 한국 사람들은 아주 많이 가져야 행복해진다는 뜻입니다. 많이 성취해야 만족감을 느끼는 것이죠. 많이 성취하기 위해서는 그만큼 열심히 살아야 합니다. 실제로 다들 정말 열심히 살고 있습니다.

우리나라 사람들은 전 세계에서 가장 부지런한 민족이에요. 그것도 아주 압도적으로 부지런합니다. 외국의 심리학자들이 저한테 그런 말을 많이 해요. 그때마다 저는 이렇게 반박하죠. "일본이나 중국, 대만 사람들도 다 부지런해. 일하는 거 보면 우리 못지않아." 그러면 그 사람들이 막 웃어요. 일하는 모습뿐만이 아니라 노는 모습도 분석을 해봤다는 거예요. 한국 사람들은 놀 때마저 지나치게 부지런하대요. 해외에 놀러 오는 사람들을 보면 복장만 여행자일 뿐, 행동은 근로자 같다고 합니다. 새벽같이 일어나서 돌아다니기 시작한다는 거예요. 이렇게 부지런한 민족이기 때문에 전쟁이 끝난 지 70년도 되지 않은 나라를 이렇게 바꿔놓은 거예요. 한국 사람들은 아마 앞으로도 굉장히 열심히 살 겁니다.

그런데 열심히 사는 건 한계가 있어요. 우리나라 사람들은 잠을 잘 안 자요. 부지런히 생활하는 거랑 가장 반대되는 게 잠을 많이 자는 거잖아요. OECD 국가들의 평균 수면시간은 8시간 22분인데 한국인은 하루에 7시간 41분을 잔다고 합니다. 평균 수면시간이 최하위예요. 특히 직장인들은 평균 수면시간이 6시간 6분밖에 되지 않습니다.

제가 예전에 한 방송에서도 얘기한 적이 있지만, 우리나라에서는 잠을 죄악시하는 것 같아요. 상대방을 닦달할 때 "너 지금 잠이 오냐?" 이런 말도 하잖아요. 잠을 가지고 욕하는 나라는 한국밖에 없는 것 같아

0.1%의 비밀

요. 때에 따라 잠을 적게 자는 게 미덕이 되기도 합니다. 저는 고등학교 때 4당 5락이라는 말을 들었는데, 어떤 선생님은 "네 시간도 자면 안 돼. 4당 5락이 아니라 3당 4락이야!" 하시더라고요. '잠은 죽어서 자라' 이런 급훈을 걸어놓은 반도 있었어요. 무시무시하죠.

지금 대한민국 국민 모두가 잠이 부족한 상태예요. 심리학자들은 오랫동안 잠을 연구했어요. 잠도 총량의 법칙이란 게 있습니다. 지갑에 10만 원이 있는데 3만 원을 쓰면 7만 원이 남아 있는 것, 이런 게 총량의 법칙이거든요? 잠을 자지 않은 사람은 다음 날 수학을 못하거나 영어를 못하는 게 아니라 자기의 습관, 그중에서도 가장 나쁜 습관을 제어할 수 있는 능력을 상실합니다. 그런데 이 나쁜 습관이란 게 대부분 지기 성격의 단점과 관련이 있어요. 잠을 못 자면 자기 성격에서 가장 나쁜 측면이 나온다는 거예요.

성격과 성품의 차이

제가 굉장히 좋아하고 존경하는 심리학자 한 분이 이런 말씀을 하셨어요. "사람은 안 변해." 30년 가까이 심리학 공부를 하신 분인데 이렇게 얘기하는 거예요. 그러면서 덧붙이기를 "나만 이렇게 생각하는 게 아니고, 다른 심리학자들도 다 그렇게 말해" 하시더라고요. 사람이 안 변한다는 건 성격이 안 변한다는 뜻이에요.

성격이 뭘까요? 외향적이다/내성적이다, 보수적이다/개방적이다, 민감하다/무디다……, 이런 건 성격입니다. 성격은 그 자체로 좋다거나 나쁘다고 말하기가 어려워요. 외향적인 성격은 외향적인 대로 장점과 단점이 있고, 내성적인 성격도 마찬가지거든요. 그렇기 때문에 내가 어떤 성격을 타고났든 좌절할 필요가 없습니다. 그 성격이 변하지 않는다고 해도 마찬가지예요. 우리가 할 수 있는 건 성격의 단점을 최소화하고 장점을 극대화하는 겁니다.

예를 들어, 낙천적인 건 성격이에요. 낙천적이지 않았던 내가 갑자기 낙천적인 사람이 될 수는 없습니다. 하지만 낙관적인 사람이 될 수는 있어요. 낙천적인 사람은 스트레스를 받지 않지만, 낙관적인 사람은 스트레스를 받아도 '좋은 일이 일어날 거야'라는 생각을 잃지 않아요. 타고난 성격을 떠나서 좋지 않은 상황에서도 좋은 상황이 올 것이라는 생각을 놓지 않는 거예요.

"저는 어릴 때 친구들 앞에서 말도 잘 못했는데 지금은 활달해요. 성격이 변한 거 아닌가요?" 하고 묻는 분들도 있어요. 그건 성격이 변한 게 아니라 사회성이 잘 발달한 거라고 할 수 있어요. 화법이나 매너, 예의범절은 사회적 기술이거든요. 기질적인 성격이 변했다기보다 사회적 기술로 인해 타인을 잘 대하게 된 거지요.

아까 잠을 못 자면 성격의 단점이 나온다고 했잖아요. 그러면 어떻게 해야 성격의 장점을 드러낼 수 있을까요? 가장 좋은 방법은 바로 성품을 키우는 것입니다. 타고난 성격 위에 이해심, 배려심, 협동심, 이

0.1%의 비밀

타심 등이 얹어진 것이 바로 성품이에요. 우리가 흔히 '성격이 좋다'라고 말하는 건 사실 '성품이 좋다'는 뜻입니다. 이런 능력이 잘 발달하면 후천적으로 자기 성격의 장점이 나오게 되어 있습니다.

역대 미국 대통령 45명의 성격을 프로파일링하면 그중 절반 이상이 사이코패스 기질을 가진 것으로 나옵니다. 『천재의 두 얼굴, 사이코패스』라는 책을 집필한 사회심리학자 케빈 더튼(Kevin Dutton)은 세계적으로 성공한 기업의 CEO들에게서도 사이코패스 성향을 찾아볼 수 있다고 주장했어요. '그렇다면 사이코패스에게 가장 좋은 직업이 대통령이나 CEO인가?' 어떤 사람은 이런 생각을 할 수도 있겠죠.

사이코패스 범행을 저지른 자들은 당연히 사이코패틱한 인간입니다. 그런데 왜 그런 범죄자들과 미국 대통령들이 사이코패스 성향에 있어 비슷하다고 나오는지 알아봤더니 아주 중요한 항목에서 두 집단 모두 점수가 높더라는 거죠. 그 항목은 바로 '나는 전권을 잡고서 휘두르고 싶은 욕구가 있는가'라는 것입니다.

한마디로 사이코패스 범죄자와 미국 대통령은 모든 것을 마음대로 주무르고 싶은 기질을 타고난 거예요. 목표가 분명하고 그 목표를 향한 집중력과 실천력이 강하다는 것 또한 사이코패스의 특징이지요. 다만 높은 사회성과 이타심을 갖추면 다른 사람과 협동해가면서 자신의 주도성을 잘 발휘하여 대통령까지 갈 수 있는 것이고, 그런 후천적 능력을 하나도 가지지 못하면 그야말로 악마 같은 인간이 되는 것입니다.

어떤 성격이나 마찬가지예요. 〈포춘(Fortune)〉지나 〈피플(People)〉지에서 선정한 훌륭한 리더들을 샘플링해보면 의외로 내성적인 사람이 상당히 많습니다. 그런데 그 내성적인 사람의 비율이 평범한 사람들 중에서 내성적인 사람의 비율과 일치해요. 그러니까 반드시 외향적이고 적극적이어야만 리더의 자질을 가지고 있다고 할 수는 없는 거예요. 내성적인 사람이 훌륭한 리더가 되는 길은 따로 있습니다. 보수적인 사람이 오히려 창조적인 생각을 할 수 있는 길도 따로 있어요.

따라서 '우리 아이는 소심해서 리더가 되기는 글렀어'라고 생각할 필요는 없습니다. 사실 우리 안에는 수십 가지 종류의 성격적 측면이 모두 공존하고 있어요. 어떤 측면이 조금 더 약하고 조금 더 강할 뿐입니다. 중요한 것은 후천적인 능력을 갖춰 자기 성격의 장점을 보여주는 일이겠지요.

성품이 부족한 사람은 자기 성격의 단점만 드러내며 살게 되어 있습니다. 그건 성격 탓이 아니라 성품을 키우지 않은 자신의 잘못이에요. 성격은 무죄입니다. 우리는 이제 아이의 성격을 개조할 것이 아니라 '아이가 타고난 성격의 장점을 어떻게 살릴 수 있을까'를 고민해야 합니다.

좋은 성품은 뛰어난 스펙이다

저는 여러 강연에서 부모님들에게 잠의 중요성을 설파하고 있어요. 이미 말씀드린 것처럼 수면이 부족하면 스스로를 제어하는 능력이 떨어지거든요. 잠을 제대로 자야 성격의 장점을 잘 보여줄 수 있어요. 건강 면에서도 잠을 충분하게 자는 게 좋겠지만, 인지심리학자로서 수면을 강조하는 이유는 이런 까닭입니다.

매년 많은 고등학생이 수시 면접을 보기 위해 저희 학교를 찾아옵니다. 그런데 생각보다 많은 학생들이 면접을 제대로 보지 못해요. 대답을 잘하지 못하는 게 아니라 면접 태도에서 감점을 받는 거예요. 앉자마자 다리를 꼰다거나 교수님의 이야기를 들으면서 턱을 괸다거나 하는 식입니다. 그건 학생들이 예의가 없어서라기보다 평소 습관이 나온 거라고 볼 수 있어요. 무의식적으로 하는 행동인 거죠. 하지만 면접을 담당하는 교수님들은 그런 학생을 좋게 보기가 어려워요. 대답을 잘하더라도 좋은 인상을 받지 못하는 겁니다.

좋은 성품이라는 건 단순히 착하거나 온순한 게 아닙니다. 상대방에게 좋은 감정을 주는 거예요. 좋은 감정이란 이성적이고 논리적인 것과는 다릅니다. 아주 중요한 사회적 능력이지요. 친구가 사업이 잘되지 않아서 힘들어하는데 내가 옆에서 깔깔거린다면 어떨까요? 친구 입장에서는 나를 좋아할 이유가 없겠죠. 영화를 보면서 웃고 즐거워하는 친구에게 "왜 저런 걸 보냐? 유치하게" 한다면 그 친구 또한 나를 별로 좋아하지 않을 거예요.

성품이 좋은 사람은 자연히 리더가 될 수밖에 없어요. 미래 인재로 성장하기 위한 중요한 자질 중 하나가 무엇인가요? 바로 리더십입니다. 그래서 태권도 학원에서도, 영어 학원에서도 아이들의 리더십을 키워주겠다고 강조해요. 개인주의가 심해지고 자기중심적인 사람이 늘고 있는 요즘, 타인과 소통하고 주변을 아우를 수 있는 리더십을 갖춘 사람은 단연 돋보일 수밖에 없습니다.

성품이 좋은 사람은 다른 사람을 대할 때 다양한 정서를 느낍니다. 그리고 그 정서를 적절하게 표현할 줄 알지요. 그러한 정서들은 건강한 심리의 기초이자 심리적인 유연성의 바탕이 됩니다.

그런데 우리는 자꾸 아이들이 특정한 감정을 표시하지 못하게 만들어요. "넘어졌다고 울면 안 돼! 남자는 우는 거 아니야." 그러면 그 아이는 평생 울음과 동반된 정서를 표현하는 데 어려움을 느껴요. "여자아이가 이렇게 천방지축 뛰어다니면 어떡하니?" 그러면 그 아이는 활기찬 움직임과 적극적인 활동에 대해 부정적인 감정을 갖게 될 수도 있습니다. 저는 요즘도 가끔 이런 풍경을 봅니다.

인간은 감정의 눈금이 촘촘해지면서 성숙하게 됩니다. 감정이 촘촘하지 못한 사람은 어떤가요? 기분이 아주 좋거나 너무 나쁘거나, 둘 중에 하나예요. 감정을 다채롭게 느낄 줄도, 드러낼 줄도 몰라요. 이런 사람들을 우리는 '미성숙하다'고 말합니다.

남자든 여자든 아이든 어른이든 어떤 일이 생기면 그로부터 느낄 수 있는 감정을 정확하고, 적절하게 느껴야 해요. 슬플 때는 슬픔을 느끼고 눈물을 흘릴 수 있어야 해요. 신이 날 때는 그 활기를 몸으로 표현할 수 있는 거예요. 이건 이만큼 기쁘고, 저건 조금 허탈하고, 이래서 많이 짜증스럽고, 또 저래서 흐뭇하고⋯⋯. 수많은 감정을 느껴보고, 잘 드러내는 방법을 배워가야 합니다. 그건 인간만이 가진 능력이에요. 세상이 아무리 달라진다 한들 컴퓨터가 대체할 수 없는 부분이지요.

공부를 잘하는 것도 좋지만, 성품을 키우는 것도 정말 중요합니다. 훌륭한 성품은 우리 아이들이 앞으로 닥쳐올 수많은 일을 해나가는 데 큰 힘이 되는 동시에, 미래사회에서 인정하는 탁월한 스펙이 될 것입니다.

3.

컴퓨터는
하지 못하는
'두 번째 생각'

인공지능 시대의 인간 지능

한국인은 지능지수가 상당히 높습니다. 한국인의 평균 IQ는 늘 세계 1등이에요. 그럼에도 불구하고 많은 사람이 자기 머리가 나쁘다고 생각합니다.

요즘은 아이들의 IQ를 측정하거나 공개하는 일이 별로 없는 것 같아요. 제가 어릴 때만 해도 다들 지능지수에 대한 관심이 컸거든요. 학교에서도 IQ 검사를 했고, 거의 모든 아이가 자신의 지능지수를 알고 있었습니다. IQ가 낮게 나오면 친구들한테 놀림을 받았어요. 공부를 비롯해서 무슨 일을 잘해내지 못하면 자기 IQ를 탓하기도 했습니다.

얼마 전에는 제 고등학교 동창 녀석이 그러더라고요. "내 사업이 왜 이렇게 안 되는지 이유를 알 것 같다" 하기에 "그게 뭔데?" 하고 물었습니다. 그랬더니 이러는 거예요. "내가 IQ가 별로 안 좋거든." 그 친구의 IQ는 125였습니다. 125면 상당히 좋은 거예요. 노벨물리학상을 수상한 사람들 중에도 지능지수가 125 언저리인 사람이 많습니다.

우리나라 사람들은 노벨물리학상 수상자라고 하면 아인슈타인만 떠올리는 것 같아요. 아인슈타인이라는 이름은 다양하게 소비되고 있습니다. 심지어 우리는 '아인슈타인 우유'도 마셔요. 왜 그 우유를 마실까요? 머리가 좋아졌으면 하는 욕구가 어느 정도 반영이 된 것이겠죠. 아인슈타인의 지능지수는 180입니다. 어마어마한 수치예요. 그 사람은 천재입니다. 그런데 다른 물리학자들의 지능지수를 조사해보면 아인슈타인은 예외적인 존재예요. 20세기 가장 위대한 물리학자 중 한 명으로 손꼽히는 리처드 파인만의 지능지수만 봐도 120대 중반입니다.

지능이 정확히 무엇인지 정의하는 일은 쉽지 않습니다. 심리학자들 또한 지능의 범위를 조금씩 다르게 보고 있거든요. 하지만 보통은 특정한 지식과 기술을 획득하고 적용할 수 있는 능력을 지능이라고 일컫습니다. 지능지수를 검사할 때 측정하는 기억력과 이해력, 사고력, 문제해결력 등 수많은 능력이 여기에 포함되겠죠. 그래서 IQ가 높은 사람들은 계산을 잘하고 기억력이 좋습니다. 그리고 생각의 속도가 빠릅니다. 그런데 이거 어디서 들어본 얘기죠? 컴퓨터 사양을 설명할 때 이런 얘기를 하잖아요. 정보를 처리하는 성능이 뛰어나고 저장 공간이 크고……. 게다가 이제 인공지능 시대가 왔어요. 인간의 지능을 기계에 부여한 거죠.

1997년에 IBM사의 딥블루라는 컴퓨터는 역사상 가장 위대한 체스 선수로 불리던 러시아의 가리 카스파로프를 이겼습니다. 2011년에는 〈제퍼디(Jeopardy!)〉라고 하는 유명한 미국 퀴즈 프로그램에 컴퓨터가 출연했어요. '왓슨'이라는 기종의 이 컴퓨터는 당시 그 프로그램의 양대 전설이었던 켄 제닝스(Ken Jennings)와 브래드 루터(Brad Rutter)를 가볍게 눌러버립니다. 슈퍼컴퓨터의 정보력과 반응 속도를 인간이 따라갈 수가 없었던 거예요.

2016년에는 우리나라뿐 아니라 전 세계가 주목하는 대결이 펼쳐졌

0.1%의 비밀

습니다. 이세돌 9단과 알파고가 바둑 경기를 치렀던 일이죠. 이세돌 9단은 다섯 번의 대국에서 4:1로 패배하고 말았습니다. 그때 사람들이 느낀 감정은 '우리 인류의 기술이 이렇게 진보했구나!'라는 환희가 아니라 '이제 바둑도 컴퓨터에게는 안 되는구나'라는 충격과 체념 그리고 우울이었던 것 같아요. 이 사건으로 우리는 인공지능 시대가 성큼 다가왔음을 실감하게 되었습니다.

알파고를 개발한 딥마인드 사는 그동안 축적된 바둑 경기의 기보를 3천만 건 이상 알파고에 입력했다고 합니다. 알파고는 그 내용을 학습하고 최선의 결과를 판단하며 상대의 기보를 예측합니다. 실제 사람과의 대국을 통해 새로운 전략을 발견하기도 합니다. 그렇기 때문에 시간이 지날수록 점점 더 막강해질 수밖에 없어요. 사람의 지능으로 상대하기엔 역부족이지요.

'컴퓨터가 체스나 바둑으로 사람을 이긴다 한들 예술은 그렇게 안 될 거야'라고 생각하는 분들이 계세요. 마이크로소프트가 그걸 어떻게 알았는지 '넥스트 렘브란트(The Next Rembrandt)'라는 프로젝트를 진행했습니다. 네덜란드 과학자들과 협력해서 렘브란트처럼 그림을 그리는 인공지능을 개발한 거예요.

렘브란트는 빛을 연구해서 굉장히 사실적인 그림을 그려낸 화가입니다. 당시 사람들은 렘브란트의 그림을 보고 왜 저 사람이 움직이지 않고 가만히 있느냐고 묻기도 했다고 합니다. 일정한 거리를 두고 보면 그림이 아니라 정말 사람처럼 보였다는 거예요. 다른 유명한 화가

들처럼 렘브란트 역시 자신만의 고유한 화풍을 가지고 있어요.

마이크로소프트에서 개발한 드로잉머신은 렘브란트의 그림들을 분석한 뒤에 3D프린팅을 통해 그 화풍을 재현합니다. 딥러닝(Deep Learning) 기능을 가지고 있어서 데이터를 쌓아가며 스스로 학습을 해요. 2016년에는 렘브란트의 그림 300장을 학습하고 그림을 그려냈는데 전문가들이 다 까무러쳤어요. 렘브란트가 자주 사용한 구도, 색채, 유화의 질감까지 그대로 살려서 렘브란트보다 더 렘브란트 같은 거예요.

신기하면서도 한편으로는 무서운 일입니다. 인공지능 앞에서 인간은 이토록 무력한 존재인 것일까요? 많은 분이 궁금해하세요. 그 질문에 저는 이렇게 대답하고 싶습니다. 지능지수가 아무리 높아도 인공지능을 이길 수는 없어요. 하지만 사람은 그보다 더 뛰어난 능력을 발휘할 수 있습니다.

'두 번째 생각'으로 가는 힘

심리학계에서 굉장히 유명한 실험이 하나 있어요. 일명 '두 줄 실험'인데요. 웬만한 학자들은 이 실험을 해봤을 겁니다. 저도 대학원생들을 상대로 여러 번 이 실험을 했습니다.

두 줄 실험을 하기 위해서는 우선 방을 싹 비워야 합니다. 밀폐된 강의실 천장에는 실처럼 얇은 두 개의 줄만 매달아둡니다. 그리고 학생을 한 명씩 들여보내요. 학생들에게 주는 미션은 그 두 개의 줄을 연결하는 겁니다.

이건 사실 불가능한 미션이에요. 저희가 사전에 학생들의 팔 길이를 다 재두었거든요. 강의실에 들어가는 학생의 팔 길이에 맞게 두 줄의 간격을 미리 벌려두는 거예요. 그러면 아무리 용을 써도 두 줄을 연결할 수가 없어요. 한 손으로 한쪽 줄을 잡은 뒤에 다른 손으로 다른 쪽 줄을 잡으려고 해봐도 절대 안 잡힙니다. 아주 치밀하죠? 학생들이 아무것도 없는 빈 방에서 '이걸 어떻게 해야 하지?' 고민하고 있을 때 제가 일부러 약을 올립니다. 그러면 머리가 더 안 돌아가거든요. 저는 그 모습을 지켜보는 척하다가 "힘들지? 이게 있으면 어떻게든 할 수 있지 않을까?" 하면서 정말 어이없는 물건을 하나 던져줍니다. 그 물건이 바로 가위예요.

가위를 받아든 학생들은 어처구니없어 합니다. '줄을 연결해야 하는데 가위로 뭘 어쩌란 거지?' 싶겠죠. 하지만 그 상황에서 뭐라도 해야 하니까 뭔가를 하긴 합니다. 그런데 그 행동이 다들 똑같아요. 99퍼센트도 아니고 100퍼센트의 학생들이 같은 행동을 합니다. 한 손으로 한쪽 줄을 잡은 채 다른 손으로는 평소처럼 가위를 들고서는 다른 쪽 줄을 잡아보려고 하는 거예요. 그러면 어떻게 될까요? 오히려 다른 쪽 줄이 가위 날에 잘려요. 조금씩 잘리면서 줄이 더 짧아집니다. 문제 해결도 더 어려워지겠죠. 대부분의 학생들은 이제 가위를 반대로 쥡니다. 날이 있는 부분을 손에 쥐고 손잡이 쪽에 줄을 걸쳐서 가져오려 해요. 하지만 그렇게 될 리가 없지요.

이렇게 15분에서 20분이라는 시간이 허망하게 흘러가고 나면 천태만상이 벌어집니다. 별의별 학생들이 다 있어요. 줄을 빨아들이겠다고 "스읍~ 스읍~" 숨을 들이마시질 않나, 정전기로 줄을 끌어들이겠다면서 손바닥을 배에 문지르질 않나…….

그런데 학생들에게 가위가 아닌 망치를 주잖아요? 그러면 대부분의 학생이 5분 내에 문제를 해결하고 나옵니다. 조금 고민하다가 한쪽 줄을 망치 끝에 묶어요. 그리고 던지죠. 그러면 줄이 시계추처럼 왔다 갔다 해요. 다른 쪽 줄이 있는 곳에서 망치를 잡아 묶어주면 두 줄이 연결되는 거지요. 생각해보면 가위로도 이렇게 할 수 있어요. 가위에도 줄을 묶을 데가 많거든요. 그런데 가위의 용도는 자르는 거잖아요. 가위는 무언가를 자르는 도구라는 '첫 번째 생각'만 하다 보니까 가위도 어딘가에 묶을 수 있다는 '두 번째 생각'을 못 하는 거예요.

문제를 해결하는 방법은 알고 보면 허탈할 만큼 쉽습니다. 하지만 이 두 번째 생각은 컴퓨터가 잘하지 못하는 일이에요. 만일 '두 줄 실험'에서 컴퓨터에게 가위를 준다면 어떨까요? 줄을 최대한 정밀하게 자를 수는 있을지 몰라도 가위에 줄을 묶는 일은 하지 못할 것입니다. 가위의 용도에 대한 정보에 그런 내용은 없거든요. 그런데 인간은 '가위는 무언가를 묶을 수 있는 도구이다'라는 정보를 입력하지 않아도 그걸 알 수 있어요.

0.1%의 비밀

그렇다면 망치라는 힌트 없이 두 번째 생각을 해낼 수는 없을까요? 물론 가능합니다. 무척 간단해요. 가위를 가지고 이러지도 저러지도 못하고 있는 학생에게 밖에 나가서 잠깐 걷고 오라고 하면 됩니다. 그렇게 산책을 나간 학생들 중 상당수는 3~4분, 길어봤자 10분 정도가 되면 "아!" 하고 소리를 지르면서 돌아옵니다. 드디어 해냈다는 통쾌한 표정을 지으면서 들어와서는 줄을 가위에 묶어 문제를 해결하지요.

밖에 나가지 않았다면 그 친구들 역시 강의실 안에서 계속 머리를 쥐어뜯고 있었을 거예요. 그런데 단지 그 장소를 벗어남으로써 문제를 해결했단 말이에요. 우리는 여기에서 중요한 사실을 알 수 있습니다. 처음 떠오르는 생각에서 벗어나기 위해서는 그 생각이 일어났던 지점에서 물리적으로 벗어나야 한다는 겁니다.

물론 강의실 밖으로 나간 뒤에도 문제를 해결하지 못한 학생들이 있어요. 심지어 너무 괴로워서 도망을 간 친구들도 있습니다. 이 학생들의 공통점은 휴대전화와 지갑을 들고 나갔다는 거예요. 그러면 결국 두 번째 생각을 할 수 없습니다. 휴대전화를 자꾸 들여다보고, 지갑에 든 돈으로 뭘 사 먹을까 고민하게 되니까요. 하지만 아무것도 안 가지고 나간 친구들은 목적 없이 걸을 수밖에 없어요. 그러다 보니 다른 데 생각을 빼앗기지 않고, 첫 번째 생각에서 벗어나 두 번째 생각으로 가는 힘을 가질 수 있었던 거지요.

틀을 깨고 나와야 한다

렘브란트보다 더 렘브란트 같은 그림을 그리는 컴퓨터는 이미 개발됐습니다. 그런데 피카소 같은 화가의 그림은 그렇게 되지 않아요. 피카소를 모르는 분은 아마 없을 거예요. 피카소의 초창기 그림은 잘 알려진 서양의 화풍과 크게 다르지 않습니다. 그런 그림을 계속 그리다가 어느 날 갑자기 굉장히 특이한 그림을 그려요. 우리가 잘 알고 있는 작품들이죠. 사람의 옆얼굴인데 눈은 두 개가 다 들어가 있다든지 몸이 뒤틀려 있는 것 같다든지, 초기의 그림과 비교하면 전혀 사실적이지 않습니다. 인공지능이 피카소의 초창기 그림들을 아무리 학습해도 이런 그림은 나오지 않아요. 오히려 초기 작품을 학습하는 양이 많아질수록 후기 작품을 생산해내기가 어렵습니다.

우리는 컴퓨터의 생각과 인간의 생각을 구분해볼 필요가 있어요. 어느 날 갑자기 이전과 전혀 다른 그림을 그린 피카소처럼 우리 인간은 인공지능과 무엇이 다른가, 생각해봐야 합니다.

컴퓨터는 원래 있는 정보를 학습해서 결과를 내는 작업을 해요. A와 B를 열심히 배워서 A와 B에 관한 가장 정확한 결과를 내놓습니다. 그건 인간이 컴퓨터보다 잘할 수 없어요. 그런데 인간이란 A와 B를 배워서 엉뚱하게도 C를 내놓을 수 있는 존재예요.

제가 앞으로는 인간만이 가능한 능력을 갖춰야 각광받는다고 말씀드렸지요? 인간은 컴퓨터와 달리 '예상외의' 생각을 합니다. 때로는 지나친 모험이나 어리석은 선택을 하기도 하고, 때로는 자신의 이득과 상관없이 타인을 위해 희생하기도 합니다. 상황에 따라 선택의 기준이 바뀌기 때문에 일관성도 없어요. 컴퓨터처럼 매번 자신에게 가장 유리한 선택을 하지는 못하지만, 결과적으로는 그게 가장 좋은 선택이 될 때가 있습니다.

그처럼 똑똑한 알파고도 4국에서는 이세돌 9단에게 패했습니다. 경기 도중에 이세돌 9단이 모두가 예상하지 못했던 수를 두었거든요. 그이후 알파고는 앞선 대국과는 전혀 다른 모습을 보였습니다. 지켜보는 사람들이 당황할 정도로 이상한 수를 두었어요. 상대의 수가 예측 결과와 전혀 달라서 계산에 오류가 생겼던 것일 수도 있고, 나름대로 승률을 높일 수 있는 최적의 수를 계산한 결과일 수도 있지요. 분명한 사실은 이전과 달리 알파고의 큰 그림이 완성되지 않았다는 점입니다.

틀 안에서 움직이는 AI vs. 틀을 깨는 인간

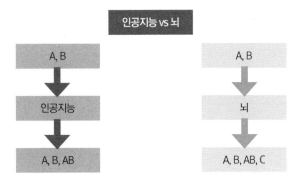

승률이 20퍼센트 아래로 떨어지자 결국 알파고는 기권을 선언했습니다. 아무리 인공지능이라지만 유연한 사고를 하는 능력은 없었기 때문에 무너져버린 거예요.

인간의 뇌는 분명 인공지능과 다릅니다. 인공지능이 틀 안에서 움직인다면 인간은 그 틀을 깨는 거예요. 그리고 틀을 깨는 일은 누구나 해낼 수 있습니다.

4차 산업혁명이 다가오고 있습니다. 앞으로 엄청난 일들이 벌어질 거라고 해요. 그런 이야기 많이 들어보셨죠? "그러니까 우리 아이들도 예전과는 전혀 다른 걸 배워야 해!"라고 말하는 분들을 보면 저는 조금 걱정스럽습니다. 사실은 그렇지 않거든요. 새로운 것을 배운다고 해도 그걸 가지고 인공지능과 똑같은 결과를 내야 한다면 우리에게는 승산이 없어요. 그것과는 반대로, 똑같은 것을 배워도 완전히 다른 결과를 내놓아야 합니다.

우리 아이들은 여전히 국어를 배울 것이고, 수학을 배울 겁니다. 역사를 공부하고, 다른 언어도 익힐 거예요. 그러나 그 과정에서 우리 아이들은 지금까지 존재하지 않았던 C를 만들어내는 능력을 가져야 하겠지요. 그게 바로 창의성이고, 앞으로의 세상이 인간에게 창의성을 요구하는 이유입니다.

인간은 컴퓨터와 달리 '예상외의' 생각을 합니다.

때로는 지나친 모험이나 어리석은 선택을 하기도 하고,

때로는 자신의 이득과 상관없이 타인을 위해 희생하기도 합니다.

상황에 따라 선택의 기준이 바뀌기 때문에 일관성도 없어요.

컴퓨터처럼 매번 자신에게 가장 유리한 선택을 하지는 못하지만,

결과적으로는 그게 가장 좋은 선택이 될 때가 있습니다.

4.

지식에서
지혜로

전문가의 몰락

대학교 홈페이지에 들어가면 이런 글귀가 쓰여 있습니다. '21세기 미래 사회에 적합한 전문 인재 양성.' 거의 모든 대학의 홈페이지에서 발견할 수 있는 글귀예요.

우리 사회는 전문가를 굉장히 선호합니다. 특정한 분야에 정통한 지식과 능력을 가지고 그 분야에서 오랜 경험을 쌓은 사람들을 일컬어 전문가라고 하지요. 그 분야에 대해 뭔가를 알고 싶으면 당연히 전문가를 찾을 수밖에 없어요. 전문가의 견해가 가장 신빙성이 있기 때문이죠.

사실 전문가가 지금처럼 대접받게 된 지는 얼마 안 됐습니다. 우리나라만 해도 그래요. 200년 전까지만 해도 의사는 중인 신분이었어요. 의학에 대한 지식이 아무리 많아도 자신의 신분을 벗어나지 못했습니다. 유럽도 마찬가지였지요. 신분제 사회였기 때문에 어떤 사람이 특정 분야에서 아무리 뛰어나다 한들 신분에 묶여 소모품처럼 사용될 뿐이었어요. 부와 명예는 양반이나 귀족들이 쥐고 있었던 거죠.

귀족이 전문가인가요? 전혀 아니죠. 그냥 금수저로 태어난 거예요. 할 줄 아는 게 없어도 돈이 많으니까 다른 사람들을 부리면서 살았어요. 그런데 세상이 점점 변하기 시작합니다. 시민혁명이 일어나고, 상인계급이 등장하고, 산업사회가 도래하고……. 그런 시기를 거쳐 20세기에 들어서면서 굉장히 독특한 현상이 생깁니다. 예전에는 없었던 직업군들이 좋은 보수를 받는 거예요.

대표적인 예로 타이피스트가 있습니다. 초창기 타이피스트들은 지금은 상상할 수 없을 만큼 고액 연봉자였어요. 그 사람들이 타이핑을 제대로 해야 신문사와 출판사가 제대로 돌아갔거든요. 타이피스트가 굉장히 중요한 직업이었고, 아예 그 사람들을 위한 올림픽 같은 게 있었어요. 거기서 금메달을 따면 카 퍼레이드도 하고 그랬습니다.

다양한 분야가 중시되면서 대학교에도 학과라는 게 생겼어요. 옛날에는 대학이면 그냥 대학이지, 그 안에 여러 가지 학과가 있지 않았어요. 조선의 성균관도 그래요. 최초의 함부르크 대학, 하이델베르크 대학도 마찬가지였습니다. "너 함부르크 대학교 무슨 과야?" 이런 질문이 성립되지 않았던 거예요. 그러다가 특정 분야의 일을 잘하는 사람들이 큰돈을 벌게 되니까 유럽 대학교에 학과라는 개념이 생깁니다. '아, 일을 세부적으로 나눠야 되겠구나' 하고 생각한 거죠. 이런 분위기와 맞물려서 각 분야의 전문가를 양성해야 한다는 주장이 나오게 되었습니다.

부모님들은 내 아이가 가졌으면 하는 직업이 있을 거예요. 그 직업이 다 전문가의 범주에 들어가는 겁니다. "우리 아이가 오대양 육대주를 누비는 사람이 됐으면 좋겠습니다." 보통은 이렇게 얘기하지 않잖아요. "우리 아이는 변호사가 됐으면 좋겠어요" 혹은 "프로그래머가 됐으면 좋겠어요"라고 말씀하시잖아요. 약 200년 전부터 우리 인류에게 전문가는 굉장히 중요한 지향점이 되어버린 거예요. 전문 인재를

0.1%의 비밀

양성하는 곳이 대학이고, 기업은 그 전문가를 많이 확보하는 게 지상 과제입니다.

그런데 20세기 후반, 실은 20세기 초반부터 조금씩 전문가들의 약점이 드러나기 시작했어요. 전문가가 오히려 잘못된 판단을 하는 경우가 생기는 거예요. 자신의 분야에 대해 가장 잘 알고 경험도 많은 사람일수록 사회가 어떤 변곡점, 즉 터닝포인트를 맞이했을 때 어리석은 처신을 하더라는 거죠.

그들에게 전문 지식이 부족해서 그런 일이 일어난 것은 아닙니다. 다만 전문가는 자신의 분야에 너무 익숙하거든요. 그 분야에서 가장 익숙한 사람이에요. 바로 그 익숙함이 문제가 된 겁니다.

익숙함의 함정

영국의 기술자인 제임스 와트가 증기기관을 만들어내면서 서구사회는 크게 변화했습니다. 산업혁명은 인류사를 완전히 바꿔놓았습니다. 그런데 그때 당시 운송수단을 설계하던 최고의 전문가들에게 이 증기기관을 쥐여주면서 새로운 운송수단을 설계해달라고 주문했더니 다들 이런 그림을 그려왔대요.

어디가 이상한지 아시겠어요? 어른들은 이 그림을 봐도 무엇이 문제인지 잘 찾아내지 못합니다. 그런데 초등학교 교실에 가서 제가 "여러분, 옛날 기차는 이렇게 생겼어요" 하면서 이 그림을 보여주면 모든 아이가 이런 감탄사를 내뱉습니다. "헐~!" 어이가 없다는 거죠. 제가 아무것도 모르는 척하면서 "왜 그래?" 하고 물으면 한 아이가 대뜸 이런 말을 합니다.

"교수님, 저 아저씨 오래 못 살아요."

심지어 어떤 아이는 "교수님, 저 아저씨는 3도 화상으로 35분 이내에 사망할 겁니다" 하는 식으로 말을 해요. 요즘 아이들은 어휘력이 정말 뛰어납니다. 그런데 아이들 말이 틀리지 않았어요. 이게 사람 잡기 딱 좋은 설계라는 거예요. 그림 속에 있는 사람들을 보면 증기기관에서 나오는 매연을 그냥 흡입하고 있거든요.

0.1%의 비밀

정말 신기한 건, 지금처럼 화상회의를 할 수 있었던 시대도 아닌데 모든 나라에서 기차를 저렇게 만들었다는 사실입니다. 저런 말도 안 되는 설계로 인해 수많은 기관사가 목숨을 잃었어요. 그걸 보고 누가 기관사를 하려고 하겠어요? 기차에 관한 지식을 쌓게 하고 운전 기술을 가르치면서 열심히 양성해놨더니 기관사들이 일을 도저히 못 하겠다면서 이직을 해버렸습니다. 이런 분야에서는 사람이 나가는 게 엄청난 손해예요. 전투기가 있더라도 전투기 조종사가 없으면 소용이 없는 거잖아요.

저희 심리학자들이 기계공학을 전공하신 교수님들과 함께 왜 이런 일들이 생겼는가 함께 연구를 해봤습니다. 이유는 하나예요. 그 시절 운송수단을 설계한 최고의 전문가들에게는 마차가 가장 익숙한 운송수단이었거든요. 증기기관을 만나기 바로 전날까지 그분들은 마차만 설계했어요. 그러다 보니까 인류사를 바꿀 만한 물건을 만나고도 마차랑 똑같은 걸 설계한 겁니다. 익숙한 것에서 벗어나지 못했기 때문에 새롭게 바뀌어야 할 시점에서도 가장 바뀌지 못하는 사람이 된 거예요. 세상에 큰 변화가 생길 때마다 그런 식으로 많은 전문가가 몰락해갔습니다.

익숙해진다는 건 참 무서운 거예요. 그런데 우리는 교과서에 계속 밑줄을 그으면서 공부를 하고 있습니다. 그 내용에 익숙해져야 점수가 잘 나오는 세상에 살고 있어요. "그러면 모든 것에 익숙해지지 않아야 하는 건가요? 반복 학습을 하지 말라는 건가요?" 하고 물으실 수도 있습니다. 그런 건 아니지만, 최소한 익숙함에 어떤 함정이 있는지는 알아야 한다는 것이죠.

익숙함은 수많은 해프닝을 만들어냅니다. 1565년에 세계 최초로 연필이 발명되었어요. 연필은 인류 역사에 남을 만한 혁신적인 필기구입니다. 우리는 16세기가 되어서야 드디어, 쓰고 난 뒤에 지울 수 있는 필기구를 가지게 됐어요. 그런데 놀라운 사실은 지우개가 그보다 200년이나 지나서 발명됐다는 거예요. 인류는 연필을 발명해놓고도 무려 200년 동안이나 조심스럽게 글씨를 썼어요. 틀리면 종이를 버려야 했던 거지요. 더욱더 놀라운 사실이 있습니다. 연필과 지우개가 만나는 데는 그보다 100년이 더 걸렸다는 겁니다. 연필도 있고, 지우개도 있는데 '연필 위쪽에 지우개를 달면 편하겠다'는 생각을 해내는 데 그토록 많은 시간이 걸린 거죠.

전문가는 너무도 당연하게 자신의 분야에 대해 '익숙함'을 가지고 있지만, 그 익숙함은 새로운 변화에 적응하지 못하는 가장 큰 함정이 될 수도 있습니다. 전문가가 만들어지는 데는 짧아도 5년에서 10년이 걸립니다. 20년 이상 걸리기도 해요. 그런데 우리는 어떤 생각을 5초만 해도 거기에 익숙해집니다. 옛날에 유행했던 말장난이 있어요. 상대방에게 '컨닝'을 다섯 번 해보라고 하는 거예요. 그럼 상대가 "컨닝, 컨닝, 컨닝, 컨닝, 컨닝" 하겠죠. 그리고 바로 이렇게 묻는 겁니다. "미국의 초대 대통령은?" 그러면 상당히 많은 사람이 "링컨" 하고 대답해요. 답은 조지 워싱턴인데 말이죠.

0.1%의 비밀

여러분에게도 비슷한 문제를 내볼게요. '개구리'를 다섯 번 외쳐보세요. 그런 다음 다시 '개구리'를 세 번 외쳐보십시오. 자, 〈심청전〉에서 깨진 장독대를 막아준 건 어떤 동물이죠? 다들 '두꺼비'라고 대답하시네요. 하지만 〈심청전〉에는 어떤 동물도 나오지 않습니다.

5초만 익숙해져도 이러니까 10년, 20년 동안 한 분야에 익숙해지면 정말 생각이 멀리 못 가겠죠. 전문가가 되기를 희망하는 우리 아이들은 이 점을 꼭 인지해야 합니다.

칼 던커의 종양 문제

칼 던커(Karl Dunker)라는 심리학자가 있습니다. 1903년에 태어나 1940년에 죽었는데, 살아 있는 동안에는 이상한 사람 취급을 받았어요. 원래 앞을 멀리 내다보는 사람들은 당대에선 인정받지 못하죠. 농담이긴 하지만 '심리학에 미치면 약도 없다'는 말을 들었던 사람이에요. 왜냐하면 사람들의 우울증을 고치거나 콤플렉스를 극복하게 해주는 지극히 일반적인 목적으로 심리학을 한 게 아니거든요. 칼 던커는 IQ가 높다고 거들먹거리는 사람들이 풀지 못할 만한 문제를 만들어냈고, 자신이 만든 문제를 풀지 못해 쩔쩔 매는 사람들을 보면서 좋아했다고 해요. 참 독특한 사람이죠.

주목도 받지 못한 채 짧은 생애를 마친 칼 던커는 21세기에 들어서

화려하게 부활합니다. 이름만 대면 알 법한 국내외의 수많은 기업에서 신입사원을 뽑을 때 칼 던커의 문제를 던져줍니다.

칼 던커의 문제에는 기가 막힌 점이 하나 있어요. 어떤 곳에서든 그 문제를 해결하는 사람의 비율이 같다는 겁니다. 최고의 명문대학교든, 이름 없는 대학교든 칼 던커의 문제를 해결하는 학생의 비율은 똑같아요. 제가 지금 소개하려 하는 칼 던커의 종양 문제 또한 마찬가지입니다.

칼 던커의 종양 문제는 이런 것입니다. 위에 악성 종양을 가지고 있는 환자가 있었어요. 이 종양은 최근에 개발된 레이저로만 없앨 수 있습니다. 이 레이저는 몸 밖에서 몸 안쪽으로만 쏠 수 있어요. 의사가 환자의 복부를 열어서 수술하는 것도 불가능하고, 레이저를 몸 안에서 쏘는 것도 불가능합니다. 내시경이나 초음파도 안 되고요. 오로지 이 레이저만 사용해야 해요.

그런데 문제가 하나 있습니다. 몸 밖에서 안쪽으로 레이저를 쏘면 이 레이저가 위에 도달하기 전에 다른 신체조직을 통과하게 되잖아요. 그러면 신체조직이 망가져요. 종양을 제거하는 의미가 없지요. 그래서 다른 신체조직을 망가뜨리기 않기 위해 레이저를 약하게 쏴야 합니다. 하지만 레이저를 약하게 쏘면 종양을 다 제거할 수가 없어요. 그렇다면 다른 신체조직을 망가뜨리지 않으면서 이 레이저로 종양을 제거하려면 과연 어떻게 해야 할까요?

저는 한국과 외국의 수십 개 대학교에서 이 문제를 학생들에게 내

주었습니다. 지금 강의를 하고 있는 아주대학교 학생들에게도 당연히 문제를 내봤지요. 참 신기해요. 어느 대학이나 단 10퍼센트의 학생만이 이 문제를 풀었습니다. 나머지 90퍼센트는 아무 대답도 못 해요. 문제에 손도 대지 못합니다. 완벽한 실어증 상태에 빠지는 거죠.

이 문제의 해답은 이렇습니다. 약한 레이저를 여러 군데에서 쏘면 돼요. 예를 들어 약한 레이저를 여섯 방향에서 종양으로 쏘면 종양에 도달하는 힘은 여섯 배가 되지만 다른 신체조직은 망가지지 않겠지요. 이렇게 해결하면 됩니다. 이걸 알려주면 90퍼센트의 학생들을 자기 자신을 저주하기 시작합니다. 똑똑하다고 자부하는 학생들이 많은 학교일수록 학생들의 괴로움도 크겠죠.

그런데 기업들은 이 문제를 처음부터 해결하는 10퍼센트를 뽑으려고 하는 게 아니에요. 지금부터 말씀드리고자 하는 친구들에게 더 많은 관심을 둡니다.

대형 강연이나 큰 공연을 시작하기 전에 장내 정리를 하기 위해 음악을 틀거나 짧은 영상을 보여줄 때가 있죠? 유튜브 영상도 보면 중간에 게임 광고 같은 게 많이 나오잖아요. 칼 던커의 종양 문제를 내기 전에도 이런 영상을 보여줄 때가 있어요. "이번에 새로 나온 게임입니다, 여러분" 하면서 수많은 병사들이 개미떼처럼 몰려다니며 성을 공격하는 게임 영상을 보여줘요. 그러고는 이 게임이 인기를 끌 수 있을지 없을지 판단해달라고 합니다. 약간의 속임수를 쓰는 거죠. 그 3분짜리 영상에 등장하는 장수는 전 병력을 한꺼번에 돌진시켜서 성을 함락하지 않아요. 소규모 병력을 여러 방향에서 진입시킨 다음에 나중에 '짠!' 하고 모여 상대의 요새를 무너뜨리는, 그런 스토리입니다. 칼 던커의 종양 문제와 관련이 있는 거죠.

학생들은 영상을 보면서 이런저런 반응을 보여요. 캐릭터는 예쁜데 내용은 별로라든지, 그래픽이 이상하다든지, 해가면서 별 생각 없이 그 영상을 봅니다. 그런 다음에 제가 강의를 시작해요. 10분 정도 평소처럼 막 강의를 하다가 갑자기 학생들에게 칼 던커의 종양 문제를 내줍니다. 그러면 10퍼센트가 아니라 30퍼센트에 해당하는 학생들이 문제를 해결해요. 게임 영상을 보여주지 않고 문제를 제시했을 때와 비교하면 답을 찾은 학생들의 비율이 훨씬 높지요.

가슴이 아프게도 여전히 70퍼센트의 학생들은 문제를 못 풀고 있습니다. 하지만 제가 딱 한 마디만 더 해주면 상황이 끝나요. "여러분, 10분 전에 봤던 동영상이 힌트예요"라고 얘기하면 드디어 모든 학생이 문제를 풀어냅니다.

평범하지 않은 전문가가 되는 길

칼 던커의 종양 문제는 우리에게 지식과 지혜의 차이가 무엇인지 알려주고 있어요. 부끄러운 얘기지만 인지심리학자들도 불과 20년 전에 그 사실을 깨달았습니다. 지식을 쌓는다는 건 문제를 해결하는 데 필요한 정보를 계속해서 습득해나가는 과정이에요. 이미 AI가 너무도 잘하고 있어요. 그런데 지혜는 문제를 해결할 만한 단서를 전혀 엉뚱한 곳에서 가져오는 거죠.

불과 10분 전에 단서를 주었음에도 70퍼센트나 되는 학생들은 그걸 이용하지 못했습니다. 왜 그랬을까요? 문제는 의료 영역에 관한 것이었는데, 결정적 단서가 들어가 있던 스토리는 게임 영상이었잖아요. 분야가 전혀 다르니까 그걸 연결할 생각을 하지 못한 거예요. 그 영상만 떠올리면 금방 해결할 수 있는 문제인데 그냥 자기가 가지고 있는 지식만 가지고 열심히 머리를 굴린 거죠. 한 분야에 지나치게 익숙한 전문가들도 이런 실수를 할 수 있습니다. 다른 분야에 수많은 단서가 있음에도 가져다 쓰지 않을 가능성이 굉장히 높아요.

전문가가 되지 말라는 뜻이 아닙니다. 우리는 아이들을 분명 전문가로 키워야 합니다. 미래사회에서도 전문가는 반드시 필요해요. 누구든 자신의 분야에 관한 전문 지식을 가지고 익숙하게 일을 해내야 해요. 다만 전문가가 하기 쉬운 실수를 항상 인지하고 그 부분을 보완해야겠지요.

인공지능은 평범한 전문가를 대체합니다. 한때는 고수익 전문직이었던 타이피스트가 사라진 것처럼 여러 분야의 전문가들이 이미 일자리를 빼앗기고 있어요. 실제로 의사 대신 병을 진단하고 처방하는 AI, 각종 계약서를 검토하고 판례를 분석하여 형량을 판단하는 AI, 특정 분야의 교육을 맡고 있는 AI들이 계속 개발되고 있습니다. 인공지능이

상용화된다면 점점 더 그렇게 될 것입니다.

하지만 저는 인공지능으로 인해 어떤 직업 자체가 사라질 거라고 생각하지 않습니다. 그 직업에서 기계적인 일만 하는 사람들이 사라지는 것이죠. 기계적으로 진단하고 처방하는 의사, 기계적으로 판결을 내리는 판사, 기계적으로 가르치는 교육자는 없어질 거예요. 대신 상대방의 아픔과 고통에 귀를 기울이고 소통할 줄 아는 의사와 판사, 교육자는 오히려 더 귀해지겠지요. 그건 기계가 절대 할 수 없는 일이니까요. 그러니까 인간은 '인간다운' 전문가가 되어야 하는 겁니다.

이렇게 말하면 어마어마한 능력을 갖춰야 할 것 같지만, 의외로 그렇지 않습니다. 언제든 익숙함을 버릴 수 있는 사람, 다른 분야에서 단서를 가져올 수 있는 30퍼센트에 해당하는 사람이 되면 돼요. 그러기 위해서는 자신의 지식에만 머무르는 대신 넓은 시야를 갖추고 지혜를 쌓아가야 하겠죠.

우리는 지식을 늘리는 데만 관심이 있는 것 같아요. 무언가를 계속 새로 배워야만 똑똑해진다고 생각해요. 아이들에게도 그런 공부를 강요합니다. 그래서 그런지 다들 지식은 참 많아요. 정보가 넘치는 세상이다 보니 꼭 책을 읽지 않아도 텔레비전이나 유튜브 같은 다양한 매체를 통해 별의별 지식을 다 얻거든요. 하지만 지식이 있는데도 그걸 꺼내지 못해요. 그리고 널리 활용할 줄도 모릅니다. 지식만 있고 지혜는 없는 거예요.

우리가 창의적인 생각을 해내지 못하는 까닭은 지식이 부족해서가 아닙니다. 지식을 가져다 쓰지 못해서 그래요. 창의적인 인재가 되려면 지혜를 가져야 합니다. 그런 사람이 바로 이 사회가 필요로 하는 특별한 전문가가 될 것입니다.

4

0.1% SECRET

모든 아이는 이미
창의적이다

1.

공부 잘하는
아이의 비밀

진짜 지식과 가짜 지식

상위 0.1퍼센트의 속하는 아이들은 어떤 특징을 가지고 있을까요? 부모와 아이 할 것 없이 모두 궁금할 거예요. 저도 정말 궁금했어요. 1퍼센트도 아니고 0.1퍼센트라니, 정말 어마어마한 친구들이잖아요. 대체 어떻게 공부해야 그런 성적이 가능한지, 제가 그 단서를 발견한 적이 있습니다. 예전에 방영된 EBS 다큐멘터리 〈학교란 무엇인가 – 상위 0.1%의 비밀〉 편을 촬영하면서였어요.

제작진은 전국 최상위 0.1퍼센트 학생들에 대한 전수 조사를 실시했습니다. 당시 5만 7천 명가량 됐던 고등학교 1학년 학생 중에서 전국 모의고사 석차 0.1퍼센트에 해당되는 아이들 800명과 그렇지 않은 아이들 700명을 비교해본 것입니다. 국내에서 처음 시도했던 일이죠.

그런데 그 학생들은 다른 친구들과 생각보다 별로 다르지 않았어요. 그 학생들의 IQ가 모두 180이었다면 성적이 좋은 이유를 설명하기가 쉬웠을 거예요. 하지만 지능지수, 성격, 부모님의 학력이나 소득 면에서 주목할 만한 차이점이 없었습니다.

고민을 하던 차에 제작진으로부터 흥미로운 자료를 전달받았습니다. 저는 그걸 본 순간, '왜 이 생각을 못 했지?' 하면서 무릎을 탁 쳤어요. 왜냐하면 제 지도교수님이 제가 박사과정을 공부하는 6년 내내 해주신 말씀이었거든요. 그 교수님은 이렇게 말씀하셨어요.

"세상에는 두 종류의 지식이 있다. 첫 번째는 내가 알고 있다는 느낌은 있지만 남들에게 설명하지 못하는 지식이고, 두 번째는 내가 알고 있으면서 남들한테 설명도 할 수 있는 지식이야. 그중 두 번째만 네 지식이야."

"그럼 첫 번째는 뭔가요?" 하고 물었더니 "그건 네가 너 자신에게 속고 있는 거야. 사실은 제대로 알지 못하는데 안다고 착각하는 거지" 하셨습니다.

'상위 0.1%의 비밀'을 촬영하면서 제작진은 이런 실험을 했습니다. 상위 0.1퍼센트에 속하는 학생들과 그렇지 않은 학생들을 모아놓고 25개의 단어를 연이어 보여준 거예요. 아무런 연관성이 없는 단어들이 각각 3초씩 화면에 떴다가 사라졌습니다. 학생들에게는 학업성취도와 기억력의 상관성을 알아보는 실험이라고 했어요. 저마다 속으로 열심히 단어를 외웠겠죠.

그런데 사실 이 실험의 목적은 그게 아니었습니다. 아이들이 얼마나 많은 단어를 기억하는지 알아보려고 한 게 아니라 자신의 능력치를 얼마나 정확히 아는지 알아보기 위한 것이었어요. 그래서 단어를 전부 보여주고 난 뒤에 아이들에게 '본인이 기억하고 있다고 생각하는 단어의 개수'를 적으라고 말합니다. 그런 다음에 아이들은 정말로 자기가 기억하는 단어를 적어나가요. 이렇게 했더니 의미 있는 결과가 나왔습니다.

최상위권 학생들은 한 명을 제외하고는 자기가 몇 개의 단어를 기억할 수 있는지 정확히 예상했습니다. 다른 학생들은 그렇지 않았어요. 10개 이상 기억할 거라고 적었지만 8개만 기억한다거나, 오히려 자기가 예상한 것보다 많이 기억하는 식이었습니다. 최상위권 학생들이 단어 자체를 더 많이 외운 건 아니에요. 하지만 자기가 생각한 자신의 실력과 실제 자신의 실력 사이에 편차가 거의 없었어요. 본인이 단어를 얼마나 기억할 수 있는지 잘 알고 있었다는 거예요.

자신이 무엇을 얼마만큼 아는지 자각하는 능력은 굉장히 중요합니다. 이걸 알아야 스스로 문제점을 찾아내고 해결할 수 있거든요. 자기의 학습 과정을 조절할 줄 아는 거예요. 이런 학생들은 당연히 자기 주도 학습을 잘합니다. 알아서 공부하는 거죠. 게다가 공부의 효율성도 굉장히 커져요. 자기가 모르는 것을 빨리 파악하면 과목을 어떻게, 얼마나 공부해야 할지 계획을 세우고 실행하는 속도도 빨라집니다.

개집을 만들 때 '못이 많이 필요하겠는걸?' 하는 사람과 '못이 26개 필요하군' 하는 사람은 일의 효율이 다를 수밖에 없어요. 자기가 모르는 것을 채우고, 아는 것은 구체화시킬 수 있는 능력. 상위 0.1퍼센트의 아이들의 비밀은 바로 여기에 있었습니다.

나 자신을 알게 하는 메타인지

내가 아는 것과 모르는 것을 파악하는 능력, 즉 자신의 인지 과정을 인지하는 것을 '메타인지'라고 합니다. '인식에 대한 인식', '생각에 대한 생각'이라고도 표현하지요. 좀 더 쉽게 설명해볼까요?

저는 메타인지에 대한 강연을 할 때 청중들에게 이런 질문을 던집니다.

"제가 정말 쉬운 질문을 두 개 드릴게요. 여러분은 '네' 또는 '아니오'로만 대답을 할 수 있어요. 최대한 빨리 대답해주셔야 합니다. 자, 대한민국의 수도가 어디인지 아시나요?"

그러면 다들 "네!" 하고 대답하세요. 그리고 다음 질문이 나갑니다. "과테말라에서 열한 번째로 큰 도시를 아시나요?" 하고 물으면 역시 금방 대답이 나와요. 모두 단 1초의 망설임도 없이 "아니오!" 하십니다.

우리는 잘 느끼지 못하지만 이건 사실 대단한 능력이에요. 컴퓨터는 그렇게 빨리 "아니오!" 하지 못하거든요. 컴퓨터가 어떤 사실에 대해서 '모른다'는 것은 컴퓨터 내부의 시스템이나 하드디스크 내에 그런 파일이 없다는 거예요. 따라서 '모른다'는 출력 결과를 내기 위해서는 시스템과 하드디스크를 일일이 다 확인해봐야 합니다. 전부 다 찾아봤는데 파일이 없으면 그제야 '그런 파일이 없습니다'라는 답을 내놔요. '안다'는 사실보다 '모른다'는 사실을 알아내는 데 더 오래 걸리는 거죠.

그에 비하면 인간은 자기가 어떤 사실을 모른다는 걸 1초도 안 돼서 알아요. 나의 뇌 어딘가에 과테말라에서 열한 번째로 큰 도시가 저장되어 있지는 않은지 굳이 찾아보지 않더라도 곧바로 알 수 있습니다.

0.1%의 비밀

그게 바로 메타인지예요. 우리에게는 자기의 생각인 인지를 볼 수 있는 눈이 하나 더 있는 셈입니다.

"아니, 뭘 모른다는 게 무슨 자랑인가요?" 하는 분도 계십니다. 하지만 내가 모른다는 사실을 1초 안에 알 수 있기 때문에 바로 그 다음 행동으로 넘어갈 수 있는 거예요. 제 질문에 "아니오!"라고 답한 분들은 곧바로 스마트폰을 이용해 과테말라에서 열한 번째로 큰 도시를 검색하세요. 물론 그런 정보는 나와 있지 않겠지요. 제 이름만 뜰 거예요.

우리가 컴퓨터와 같은 방식으로 사고한다면 우리 뇌에 있는 200조 개의 뉴런을 일일이 건드려본 뒤에야 비로소 '모른다'고 할 수 있을 것입니다. 나의 무지를 확인하기 위해 매번 엄청난 시간을 쏟아야 하는 거예요. 하지만 메타인지 덕분에 엄청난 시간을 절약할 수 있습니다. 과테말라에서 열한 번째로 큰 도시가 뭔지 고민을 시작하기도 전에 메타인지가 '야, 너 그거 무조건 몰라! 찾을 필요도 없어!' 하고 말해주기 때문에 단숨에 대답을 할 수 있는 것이지요.

메타인지는 어떻게 그렇게 빠른 판단을 할 수 있을까요? 메타인지의 판단 기준은 바로 '친숙함'이에요. 과테말라는 보통 사람들에게 친숙하지 않은 나라잖아요. 게다가 수도도 아니고 열한 번째로 큰 도시래요. 정말 낯설죠? 아주 친숙하지도, 낯설지도 않은 정보인 경우에는 메타인지도 착각할 수 있어요. 누가 프랑스의 대통령 이름을 물으면 곧바로 대답이 나오지 않잖아요. 어중간하게 알고 어중간하게 친숙하니까 컴퓨터처럼 우리 뇌를 검색하게 되거든요. 메타인지 능력이 뛰어난 사람은 그만큼 착각을 덜하게 됩니다. 메타인지라는 유용한 도구를 잘 활용하는 사람은 더 큰 가능성을 갖게 되는 거예요.

상위 0.1퍼센트 학생들을 관찰해보니까 확실히 '진짜 지식'을 많이 가지고 있었어요. 그에 반해 보통 학생들은 다른 사람에게 설명할 수 없는 지식임에도 자기가 이미 알고 있다고 착각하며 넘어가는 경우가 많았어요. 그 작은 차이가 결국 큰 차이를 만들어내더군요.

설명하는 습관이 진짜 지식을 만든다

전교 1등을 하는 학생들은 다른 친구들에게서 질문을 많이 받습니다. 모르는 문제가 있으면 보통 공부를 잘하는 친구한테 가서 물어보잖아요. 최상위권 학생들은 자신이 알고 있는 내용을 다른 사람들에게 설명해줄 기회가 많아요. 그러다 보면 자기도 얻는 게 있습니다. 한 학생은 이런 얘기를 했어요. 친구들이 물어보는 걸 가르쳐주다 보면 자기가 미처 생각하지 못했던 부분을 깨닫게 되고, 안다고 생각하면서 넘어갔던 부분도 다시 한번 짚어보게 된다는 거예요.

무언가를 진짜 나의 지식으로 만들기 위해서는 그걸 전혀 모르는 사람한테 설명할 수 있어야 합니다. 전교 2등한테 수학 문제를 설명하는 건 쉬워요. 상위 0.1퍼센트 아이의 입장에서 보면 내 말을 귀신같이 알아듣는 친구인 거죠. "여기에서 이 공식을 쓰면 되잖아" 하면 "아!

그럼 엑스 제곱이 나오겠구나" 하는 식으로 대화가 물 흐르듯이 진행 됩니다.

그런데 똑같은 문제라도 성적이 하위권인 친구들에게 설명하라고 하면 참 어려워요. 상대가 잘 알아듣지 못하기 때문에 설명이 다 막혀 버리거든요. 하지만 최상위권 학생들은 어떤 친구들이 문제를 들고 오든지 조금도 개의치 않고 친절하게 설명해주는 경우가 다반사였어요.

그 학생들은 친구들에게 과연 어느 정도까지 설명을 해줄 수 있을 까요? 저는 그 부분에 큰 관심이 생겼습니다. 그래서 촬영이 끝난 뒤에도 개인적으로 조사를 해보려고 살펴보다가 한 학생이 자칭 수포자라는 친구에게 이런 질문을 받는 걸 봤어요.

"그런데 엑스 옆에 있는 2는 왜 이렇게 쪼그매?"

문제풀이 이전에, 엑스 제곱을 왜 이렇게 쓰냐고 묻는 거예요. 부모님들이 한숨을 푹푹 쉬는 소리가 여기까지 들리는 것 같습니다. 우리 아이도 그럴까봐 걱정되시죠? 그 친구의 다음 말이 더 재미있더라고요. 3년 전부터 궁금했는데 물어볼 데가 없었대요.

이런 질문을 들으면 다른 학생들은 어떻게 대답할 것 같으세요? 보통은 "야, 엑스 제곱을 표시한 거잖아!", "이건 제곱이라는 뜻이야" 합니다. 그런데 이 말을 살펴보면 '엑스 옆에 있는 2가 왜 작은가'에 대한 답이 아니거든요. 대답한 친구들도 그 이유를 모르는 거예요. 하지만 안다고 생각하면서 그냥 넘어가는 거예요. 질문을 던진 친구에게 이것도 모르면 어떡하느냐고 핀잔까지 주면서 말입니다.

그런데 상위 0.1퍼센트 학생의 반응은 놀라웠습니다. 우선 자기가 친구의 질문에 대한 답을 모른다는 사실을 재빨리 깨달았고요, 얼른 그 답을 알아내서 친구에게 설명하고자 하는 의지와 실행력이 대단했어요. 우선 선생님을 찾아가서 여쭤봤는데 선생님도 명확한 답을 못 주셨습니다. 네이버 지식인에 물어봐도 답이 달리지 않았어요. 며칠이나 지난 뒤에야 답이 달렸는데 이렇게 적혀 있었어요.

"그런 것까지 궁금해하면 성공 못 합니다."

그 질문을 모두가 무시하고 있는 거예요.

결국 그 학생은 위키피디아에 들어가서 '수의 기원'이라는 챕터를 열어봤습니다. 그리고 아리스토텔레스부터 시작되는 이야기를 죄다 훑어봤다고 합니다. 15세기와 17세기 사이에 수많은 수식의 기호가 결정됐는데, 당시 수학자들이 대부분 부업으로 시계를 수리하고 천문학도 많이 공부했대요. 시계를 수리할 때 보게 되는 톱니바퀴의 움직임과 별의 모양에서 착안한 것이 바로 조그맣게 표시한 수식 기호라고 합니다.

다음 날 그 학생은 친구에게 이 얘기를 해줬습니다. 그 학교의 수학 선생님들도 "우와! 대박!" 하면서 재미있게 듣고 계시더라구요.

내가 무엇을 모르는지 알고, 그 부족함을 채울 방법을 찾아 적극적으로 공부하고, 그 내용을 다시 누군가에게 설명함으로써 그 학생은 '진짜 지식'을 갖게 된 거예요. 누가 말해주는 내용을 그냥 듣는 것과는 달라요. 전혀 다른 방식으로 얻은 지식이고, 천만금을 주고도 얻을 수 없는 지식입니다. 이게 바로 지혜지요. 친구의 질문을 비웃거나 무시하지 않았기 때문에 그런 귀한 지혜를 갖게 된 것입니다.

이타적인 아이가 지혜롭게 큰다

우리는 흔히 이기적인 사람이 공부를 잘할 거라고 생각해요. 친구들한테 노트를 안 빌려주고, 중요한 정보는 자기만 알고, 노는 척하면서 몰래 공부해야 이득을 볼 거라고 믿습니다. 그런데 인지심리학자들이 연구한 결과에 따르면 그렇지 않아요. 이타적인 사람이 점점 지혜로워집니다. 실제로 그래요.

아까 제가 얘기한 학생이 꼴등 친구를 무시하는 이기적인 사람이었다면 절대로 그런 번거로운 과정을 거쳐서 수식 기호에 관해 알아보지 않았을 거예요. 하지만 그 학생은 이기적인 사람이 아니었습니다. 냉정하게 말해서 자신에게 그다지 도움이 되지 않는 친구의 질문을 받았음에도 그걸 그냥 넘기지 않았어요. 거기에 성실히 답변하기 위해 그 학생이 거친 과정은 본인에게 피와 살이 됐을 겁니다. 수식 기호의 기원이라는 생전 처음 받아보는 질문을 붙들고 그 질문에 대해 고민하는 과정에서 자신이 공부를 하는 진짜 이유와 목표에 한 발 더 가까워졌겠지요. 그 목표는 누가 시키지 않아도 스스로 공부를 하게끔 하는 강력한 동기 부여가 됩니다. 이런 식으로 선순환이 되는 거예요.

어른의 세계로 잠깐 넘어가볼까요? 제가 기업에서 강연을 할 때가 있습니다. 그중에서도 임원 분들을 상대로 하는 강연이 있는데요. 그럴 때면 방금 말씀드렸던 이야기들을 강연 내용에 반드시 집어넣습니다.

임원으로 승진한다는 건 그 회사에서 높은 위치에 올라갔다는 거예요. 전문가로서 자신의 능력을 최대한 발휘해서 그 자리에 올라가신 겁니다. 그런데 그런 리더의 자리에 서게 되면 가장 먼저 맞닥뜨리는 달콤한 유혹이 뭔가 하면, 내 말을 잘 알아듣는 사람만 곁에 두고 싶어져요. 내 말을 알아듣지 못하는 사람들은 주위에 두고 싶지가 않습니다. 그리고 실제로 그렇게 할 수 있는 힘이 생겨요. 그 유혹을 이겨내야만 더 중요한 자리로 갈 수 있습니다.

유혹을 이겨내지 못하고 내 말을 귀신같이 알아듣는 사람만 곁에 두면 어떻게 되겠습니까? 질문을 받을 일도, 설명을 할 일도 없습니다. "얘는 내 머릿속에 들어갔다가 나온 것 같아!"라는 말이 절로 나오는 사람에게는 설명을 한다고 해도 막히지 않아요. 내가 이미 알고 있는 익숙한 지식과 정보를 그 기원부터 완전히 되돌아보게 되는 그런 기회는 영영 생기지 않는 거지요. 그런 분들은 더 이상 올라가지 못하시더라고요. 그냥 그 자리에서 멈추고 마는 거예요.

부모님들은 아이가 자기보다 더 뛰어난 친구들과 어울리기를 바라세요. 아이 주변에 어떤 친구들이 있는지 슬쩍 질문을 던지기도 합니다. 아이가 싫어할까봐 단도직입적으로 묻지는 못하지만 정말 궁금한

0.1%의 비밀

건 이거죠. "그 친구는 공부 잘해?" 그럴 수 있어요. 이왕이면 똑똑하고 성실한 친구에게 좋은 영향을 받기를 원하시는 거니까요.

그러나 어른들의 관점에서 아이에게 도움이 되는 친구들을 정해두고, 아이가 그 친구들만 만나도록 하는 건 어떻게 보면 내 아이의 앞길을 막는 일입니다. 인간은 다양한 타인과 소통하면서 다양한 언어 능력을 키우게 돼요. 나의 지식을 서로 다른 수많은 사람들에게 설명하는 과정에서 누구도 생각하지 못했던 통찰력을 가지게 되고요. 15세기 유럽과 같이 지금 내가 살고 있는 곳과는 전혀 다른 시간과 장소로 가보는 경험을 하게 됩니다.

인지심리학자들은 이타적인 사람이 더 지혜로워진다는 사실을 알고 있었지만, 그 이유는 설명하지 못하고 있었어요. 그런데 이제는 그 이유를 알게 되었습니다. 이타적인 사람은 자기보다 한참 지식이 떨어지거나 지위가 낮은 사람의 질문에도 귀를 기울입니다. 그 질문들은 대개 본질에 관한 거예요. 거기에 답하기 위해서는 더 많은 공부를 해야 하고, 그 내용을 다시 상대가 알아듣기 쉬운 말들로 설명해줘야 합니다.

아인슈타인과 리처드 파인만은 물리학에 있어 보통 사람들이 상상도 하지 못할 만큼 깊고 방대한 지식을 갖고 있었습니다. 그런데 두 사람 모두 대학 신입생이나 일반 대중을 상대로 강연하기를 좋아했어요. 고등학교 물리도 머리를 쥐어뜯으며 들었던 사람들에게 상대성 이론이나 양자전기역학 같은 걸 설명하기가 얼마나 힘들었겠어요. 하지만 그 불편함을 감수하면서 스스로의 틀을 깼던 거예요. 성장의 단서는 여기에 있습니다. 내가 잘 알고 있다는 믿음을 벗어나는 과정을 통해 더 많은 지혜를 얻을 수 있는 거지요.

이타적인 아이로 키우는 방법

이타심은 타고나는 성격이 아니라 후천적으로 기를 수 있는 성품에 속합니다. 이타적인 아이가 지혜롭게 큰다고 말하면 모든 부모님이 같은 질문을 하세요. "어떻게 해야 아이를 이타적인 사람으로 키울 수 있을까요?" 하는 거죠.

이타성의 사전적 정의는 '자기의 이익보다는 다른 이의 이익을 더 꾀하는 성질'이에요. 그런데 인지심리학자들은 아주 이공계스러운 정의를 내려요. 이타성을 '즉시적 만족감의 지연 능력'이라고 봅니다. 지금 당장 만족감을 얻을 수 있는 상황에서 그 행위를 하지 않고 기다리는 능력을 이타성으로 보는 거죠. 그래서 실제로 그런 상황을 만들어놓고 초시계로 재가며 그 능력을 측정하기도 합니다.

예를 들어 내가 지금 목이 너무 마른 상황이에요. 그런데 짝꿍의 물이 눈앞에 있습니다. 내 물은 10분 뒤에 도착하는 상황이에요. 선생님은 "네 물이 올 때까지 조금만 참자" 하고 말씀하십니다. 이기적인 아이라면 참지 못하고 짝꿍의 물을 뺏어 마실 거예요. 하지만 10분 동안

0.1%의 비밀

버티고 자신의 물을 마시는 아이도 있겠지요. 인지심리학자들은 이 아이가 더 이타성이 강하다고 판단하는 거예요.

이와 똑같은 실험이 있지요. 아주 유명한 '마시멜로 실험'입니다. 사회심리학자 월터 미셸(Walter Mischel)은 네 살짜리 아이들에게 마시멜로를 주고 15분 동안 마시멜로를 먹지 않으면 마시멜로 하나를 더 주겠다고 했습니다. 이때 3분의 1에 해당하는 아이들만이 마시멜로를 먹지 않고 기다렸대요. 이 아이들은 훗날 뛰어난 자기조절 능력과 적응력으로 사회적인 성공을 거두었다는 게 이 실험의 결과입니다.

물론 여기에도 여러 가지 변수가 있겠지요. 마시멜로를 좋아하지 않는 아이가 있을 수도 있고, 평소 약속을 잘 지키지 않는 부모 밑에서 자란 아이라면 마시멜로를 하나 더 주겠다는 약속을 믿지 못했을 수도 있어요. 그러나 만족지연을 할 줄 아는 아이로 기르는 건 분명 중요합니다.

아이를 이타적으로 키우기 위해서는 아이가 원하는 것을 즉각적으로 들어주지 않는 게 좋습니다. 아이들이 "엄마, 나 이거 필요해!" 할 때마다 바로 사주는 부모님들이 많아요. 하지만 당장 필요한 게 아니라면 아이가 기다릴 줄도 알아야 합니다. 자기가 원하는 것을 즉시 얻었던 아이들은 이기적으로 자랄 수밖에 없어요. 내 욕구를 바로 채우는 데 익숙해지고, 그게 당연한 일이 되어버리거든요.

사실 인간은 본능적으로 자기 자신의 이익이나 욕구를 우선시합니다. 이타적이지 않은 사람을 이타적으로 만들기란 굉장히 어려워요.

이건 관점이 바뀌어야 합니다. 한 가지 방법이 있다면 소원을 갖게 하는 거예요.

여러분은 신이 있다면 어떤 소원을 빌 건가요? 대부분은 가족이라든지 다른 누군가와 함께 행복하기를 빕니다. 큰 소망은 대개 그런 것과 연관성이 있어요. 이기적인 사람은 의외로 소원이 없습니다. 목적만 있어요. 그런 사람을 이타적으로 바꾸기는 어렵지만 소원을 갖게 해줄 수는 있습니다.

소원을 갖기 위해서는 즐거운 경험을 많이 해봐야 해요. 여기서 말하는 즐거움은 쾌락과 다릅니다. 쾌락은 욕구를 충족시켜 얻는 신체의 만족감이에요. 그것만 얻으려고 한다면 마약을 하는 사람들처럼 그냥 주사 한 방 맞으면 돼요. 반면에 즐거움은 관계 속에서 느끼거든요. 다른 사람에게 애착을 가지고, 소통하고, 그 사람에게 존중받으면서 함께 시간을 보내는 등의 여러 과정을 통해서 얻는 감정입니다.

자신의 욕구를 잠시 멈추고 기다릴 줄 아는 아이, 목적이 아닌 소원을 가질 줄 아는 아이라면 분명 이타적인 사람으로 자랄 수 있을 거예요. 부모님이 아이에게 해줄 수 있는 것은 기다리게 하는 훈련과 즐거운 경험을 많이 제공하는 일이 아닐까 싶습니다.

아이를 이타적으로 키우기 위해서는 아이가 원하는 것을 즉각적으로
들어주지 않는 게 좋습니다. 아이들이 "엄마, 나 이거 필요해!" 할 때마다
바로 사주는 부모님들이 많아요. 하지만 당장 필요한 게 아니라면
아이가 기다릴 줄도 알아야 합니다. 자기가 원하는 것을 즉시 얻었던
아이들은 이기적으로 자랄 수밖에 없어요. 내 욕구를 바로 채우는 데 익숙해지고,
그게 당연한 일이 되어버리거든요.

2.

창의성을
끌어내는 힘

엉뚱한 생각과 위대한 발견

인류의 역사를 살펴보면 아주 엉뚱한 계기로 위대한 발견을 하게 되는 일이 상당히 많다는 것을 알 수 있습니다. 아르키메데스는 목욕물에 몸을 담그다가 밀도를 측정하는 방법을 알아냈고, 몽골피에 형제는 불꽃 위에서 너울너울 춤추는 빨랫감을 본 뒤에 열기구를 만들어냈어요. 수많은 과학자와 발명가는 자신이 연구하고 있던 것과는 전혀 다른 무언가에서 결정적인 힌트를 얻었습니다.

독일의 화학자 아우구스트 케쿨레는 벤젠이라는 물질의 분자 구조를 발견한 사람으로 유명합니다. 처음부터 연구가 잘 진행됐던 건 아니에요. 해답을 얻지 못해 연구를 거듭하던 케쿨레는 어느 날 벽난로 앞에서 꾸벅꾸벅 졸고 있었습니다. 그러면서 특이한 꿈을 꾸게 됐어요. 꿈속에는 뱀 한 마리가 등장했는데, 얼마나 굶주렸는지 자기 꼬리를 덥석 물더랍니다. 그리고 계속 잡아당겼대요. 하지만 자기 자신의 꼬리를 물고 있으니 어떻게 됐겠어요? 그냥 그 자리에서 뱅글뱅글 돌 수밖에 없었겠죠.

잠에서 깬 케쿨레는 머릿속에서 전구가 반짝 켜지는 느낌이었습니다. 자기 꼬리를 물고 도는 뱀의 모습에서 아이디어를 얻은 거예요.

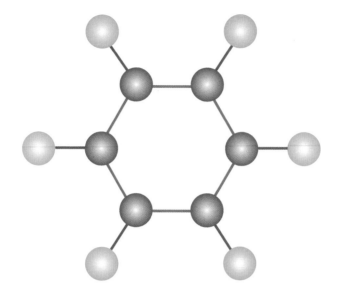

그림에서 보듯 벤젠 분자는 고리형 구조를 가지고 있어요. 그래서 흔히 '벤젠 고리'라고 부릅니다. 여섯 개의 탄소원자가 육각형을 이루고, 각 탄소원자마다 수소원자가 하나씩 붙어 있는 모양이거든요.

많은 사람이 이런 일을 '우연'이라고 생각해요. 케쿨레가 운이 좋았다는 거예요. 저는 뱀뿐만 아니라 다양한 동물이 나오는 꿈을 꿉니다. 1년 안에 십장생을 다 만날 정도예요. 그런데 케쿨레와 같은 발견은 하지 못했습니다. 케쿨레는 아주 간단한 시도를 했을 뿐이지만 그 시도가 대단한 성과로 이어졌어요. 어떻게 그럴 수 있었을까요? 답은 하나입니다. 멀리 떨어져 있는 두 가지를 연결했기 때문이에요.

아이들이 초등학교에 들어가면 많은 부모님이 위인전집을 사주십니다. 아이들이 그런 큰 인물이 되기를 바라는 마음으로 위인들의 이야기를 읽어주시죠. 그런데 위인전은 하나같이 그 인물들이 달성한 업적을 강조합니다. 그러다 보니까 정작 중요한 건 놓칠 수 있어요. 우리가 위인전을 읽으면서 주목해야 할 부분은 그 인물들이 자신의 업적을 달성하기까지 거친 과정들입니다. 막연하게 "나도 진짜 노력해야겠다!" 할 게 아니라 그들이 창의적인 생각을 해냈을 때 과연 어떤 일이 있었는지 알아봐야 한다는 것이죠.

케쿨레의 창의성은 꿈속에 등장한 뱀과 벤젠 분자라는 전혀 연관성 없어 보이는 것들을 연결함으로써 발휘된 것입니다. 그 두 가지는 아주 달라 보이지만 어떤 면에서는 유사성이 있었던 거예요. 그걸 발견한 거죠. 심리학에서는 이것을 '유추'라고 합니다.

우리는 창의성에 대해 많은 오해를 하고 있습니다. 그중 한 가지가 바로 창의성은 비범한 인물들이 가진 능력이라고 믿는 거예요. 아무것도 없는 상태에서 완전히 새로운 생각을 해내야 창의적인 사람이라고 생각하는 것 같아요. 하지만 그렇지 않습니다. 창의적인 사람들은 여기저기 흩어져 있는 생각들을 잘 연결해요. 그러다 보면 뇌의 연결성이 강화되고, 점점 더 창의적인 뇌가 되겠지요.

창의성은 특별한 재능이 아니에요. 누구나 가지고 있는 것입니다. 맨 처음 떠올린 생각에서 벗어나지 않은 채 익숙함에 안주하는 습관 때문에 창의성을 꺼내지 못하는 것뿐이에요. 창의성도 갈고 닦으면 좋아지는 일종의 기술이라고 할 수 있습니다.

시를 읽는 사람의 뇌

엉뚱한 것들을 연결하는 일은 무척 어렵게 느껴집니다. 그런데 우리는 의외로 어릴 때부터 그걸 배워요. 국어 시간에 다 배웠습니다. "내 마음은 호수요 그대 노 저어오오." 이 구절이 나온 시를 읽어본 사람은 별로 없어도 이 구절은 다들 압니다. 비유법의 하나인 은유법을 배울 때 꼭 나오거든요.

은유는 영어로 메타포(metaphor)라고 해요. 사전을 찾아보면 메타포란 '행동, 개념, 물체 등이 지닌 특성을 그것과는 다르거나 상관없는 말로 대체하여 간접적이며 암시적으로 나타내는 일'이라고 나와 있습니다.

제가 은유법에 대해 얘기할 때 자주 예로 드는 구절이 있습니다. '눈은 마음의 창'이라는 구절인데요. '눈'과 '마음' 그리고 '창'은 다 다른 범주에 속하는 말이에요. 서로 상관이 없는 단어입니다. 그런데 '눈'이랑 '창'은 그 용도에서 유사성을 찾을 수 있어요. 무언가를 볼 수 있게 하는 통로거든요. 그래서 눈은 마음의 창이라고 표현한 거예요.

'내 마음'과 '호수'도 연결성이 없는 단어지만 이 구절을 쓴 시인은 마음과 호수 사이의 어떤 유사성을 찾은 것이겠죠. 넓다든지, 잔잔하다든지, 그런 호수의 이미지를 자신의 마음과 연결했어요. 시를 보면 첫 구절 이후에도 계속해서 은유법을 이용한 구절들이 나와요. '내 마음은 촛불이요', '내 마음은 나그네요', '내 마음은 낙엽이요' 합니다.

우리는 이런 글을 읽으면서 마음과 촛불, 마음과 나그네, 마음과 낙엽 사이에 어떤 유사성이 있을까 생각합니다. 그러면 우리 뇌가 따끈따끈 해져요. 뇌에서 그만큼 많은 에너지를 소모한다는 뜻이에요. 서로 다른 영역에 있는 개념들을 이어붙이면서 뇌 안의 많은 부분이 연결되거든 요. 좀 더 과학적으로 이야기하면 세포 간의 시냅스가 형성되는 거예요.

은유를 이해하려고 하는 순간, 두 개의 개념 사이에 새로운 길이 열립 니다. 작은 오솔길 하나가 생기는 거예요. 우리 뇌 안에 이런 길들이 많 이 만들어질수록 더 멀리 떨어져 있는 것들을 쉽게 연결할 수 있어요. 사방팔방으로 도로가 많이 뚫려 있으면 이쪽 끝에서 저쪽 끝으로 가기 가 쉽잖아요. 그러니까 은유를 많이 읽고, 이해하고, 사용하다 보면 유추 를 잘할 수 있는 거예요. 유추를 잘하기 위한 바탕을 다지는 거지요.

창의성은 은유적 표현을 얼마나 접하고 사용했느냐에 따라 달라진 다고 해도 과언이 아닙니다. 그래서 저는 늘 은유 연습을 강조해요. 은 유 연습이라고 하면 듣는 사람마다 그걸 어떻게 하느냐고 물어요. 굉 장히 막연하게 느껴지거든요. 그런데 어렵게 생각할 필요가 없습니다. 은유법이 많이 쓰인 좋은 글을 읽으면 돼요.

영국 리버풀대학교의 필립 데이비스(Philip Davis) 교수팀은 성인 30 명을 상대로 셰익스피어와 윌리엄 워즈워스 같은 고전작가들이 쓴 작 품을 읽게 하고 MRI로 뇌의 활동을 관찰했습니다. 그랬더니 연구자들 도 깜짝 놀랄 만큼 우뇌가 활성화됐어요. 특히 복잡한 문장 구조로 된 작품이나 고어로 쓰인 원본 작품을 읽을 때는 마치 뇌가 불타는 것 같았습니다. 이해하기 어려운 문장 구조와 단어의 뜻을 헤아리는 일이 뇌를 자극하는 거예요. 이 연구를 바탕으로 데이비스 교수는 고전 작품, 그중에서도 고전 시를 읽으면 우뇌가 발달한다고 이야기했습니다.

셰익스피어는 굉장히 은유법을 많이 사용했어요. 당대는 물론이고 지금까지 셰익스피어가 그토록 높은 평가를 받는 이유가 여기에 있습니다. 기존의 언어로 설명이 안 되는 복잡한 감정들을 은유적으로 표현했거든요. 이걸 읽는 동안 우리 뇌는 활성화되고, 그게 창의성 발달로 이어지게 되는 거예요.

우리는 햄릿이 왜 그렇게 결정을 내리지 못하고 고뇌하는지 이해할 수 있어요. 생각은 이성과 논리에 의해 일어나지만, 결정은 감정의 결재를 받아야 하거든요. 컴퓨터처럼 알고리즘이나 확률만으로 결정을 할 수가 없어요. 죽음과 삶, 있음과 없음의 간극에서 햄릿이 던지는 대사에 숨겨진 메타포를 인지하는 건 기계가 할 수 없는 일입니다. 이런 걸작을 향유할 수 있는 건 인간만이 가진 특권이에요. 그런데 우리는 이 특권을 누리려고 하지 않습니다.

은유는 창의성의 자양분

은유 연습을 하기 위한 가장 좋은 방법은 시를 읽는 것입니다. 소설이나 다른 문학작품에도 은유가 많이 존재하지만 시는 은유가 99퍼센트인 글이거든요. 은유법 덩어리라고 할 수 있어요. 하지만 사람들은 책을 잘 읽지 않고, 시는 더더욱 읽지 않습니다.

2015년에 UN에서 한 조사에 따르면 한국인의 독서량은 192개국 중에서 166위예요. 성인의 25퍼센트는 1년에 책을 단 한 권도 읽지 않는다고 합니다. 한국은 세계 최저의 문맹률을 자랑하지만 OECD 조사에 따르면 실질 문맹률이 75퍼센트나 됩니다. 글을 읽기는 하는데 10명 중에 일곱 명은 그 뜻을 제대로 이해하지 못한다는 뜻입니다. 어려운 글일수록 문해력은 더 떨어지겠죠. 그러니까 시를 읽는 게 너무 힘든 거예요.

시집은 대개 크기가 작아요. 게다가 책장을 넘겨보면 여백도 많습니다. 한 페이지에 고작 여섯 줄 정도 적혀 있어요. 그런 시집에 있는 글자들을 줄 간격 150퍼센트에 폰트 10으로 옮겨 적잖아요? A4용지 두세 장밖에 안 됩니다. 그럼에도 시집 한 권을 다 읽는 게 참 어려워요. 때로는 소설책 두세 권 읽는 것보다 오래 걸립니다. 시 한 편으로 하루를 다 보내기도 합니다. 그 엄청난 은유법들을 내 머릿속에서 처리해야 하니까 어마어마한 시간과 에너지를 쓸 수밖에 없어요.

실제로 외국에는 계속해서 시를 읽으면 체중이 감소한다는 연구까지 있습니다. 학술적으로 증명이 된 것은 아니지만 과학자들도 일리가 있다고 생각해요. 뇌 활동과 에너지와의 상관관계를 연구한 행동심리학자 이완 맥네이(Ewan McNay) 교수는 뇌가 아주 많은 에너지를 소모한다고 밝혔습니다. 격렬한 지적활동을 할수록 많은 포도당을 소비한다는 거예요. 시를 읽는 행위도 분명 칼로리를 소모할 겁니다. 조용하던 강연장도 이 대목에서는 술렁술렁합니다. 날씬한 몸매를 원하신다면 시를 한번 읽어보세요. 농담이지만 제가 늘 하는 말입니다.

우리가 시를 잘 읽지 않는 이유가 하나 더 있습니다. 그게 실용적이지 않다고 생각하기 때문이에요. 은유법을 경험하는 건 먹고사는 데 별 소용이 없을 거라고 생각하는 겁니다. 바쁜 현대인들은 지금 당장 써먹을 수 있는 지식을 원합니다. 그러다 보니까 메타포가 아예 없는 책을 좋아해요. 바로 사전과 같은 책입니다. 사전에 메타포가 있으면 큰일 나겠죠. 사전에서 '학교'라는 단어의 정의를 찾아봤는데 은유가 담뿍 담겨서 '내 마음의 꿈이 영그는 곳'이라는 식으로 쓰여 있으면 안되잖아요.

이런 사전류의 책은 특정 지식을 명확하게 규정하고 쉽게 설명해줍니다. 읽는 사람에게 '내가 이 지식을 알고 있다'라는 느낌을 계속해서 주는 거죠. 읽고 나면 무언가를 분명하게 얻은 듯한 기분이 들어서 굉장히 뿌듯해져요. 그런데 안타깝게도 사전류의 책에는 은유가 없습니다. 아무리 읽어도 연결의 힘을 키울 수는 없어요.

부모님들도 이 점을 기억하셨으면 좋겠어요. 많은 분이 아이가 어릴 때는 독서를 강조하세요. 아이가 책을 읽고 있으면 흐뭇하게 바라보죠. 그런데 아이가 점점 클수록 부모님들의 생각이 바뀝니다. '책 좀 읽었으면……' 했던 분들도 '책 읽을 시간에 공부를 좀 더 했으면……' 하거든요. 그런데 아이들은 계속해서 독서를 해야 해요. 특히 은유법이 많이 쓰인 글들을 읽어야 합니다. 지금 바로 공부에 도움이 되지 않을 것 같은 그 책들이야말로 돈을 주고도 배울 수 없는 창의성을 키워주기 때문입니다.

시에만 은유가 담겨 있는 것은 아니에요. 무용 공연은 어떤가요? 어떤 사건이나 사람의 생각, 감정들을 여러 가지 동작을 통해 묘사합니다. 음악이나 미술도 그래요. 우리가 아는 모든 종류의 예술에는 메타포가 담겨 있습니다. 우리 아이들이 음악을 듣고, 미술을 하고, 몸을 움직이고, 공연을 보고, 심지어 일부 좋은 게임도 해야 하는 이유는 바로 그 안에 다채로운 은유가 들어가 있기 때문입니다.

은유는 창의성의 자양분입니다. 오랜 시간 경험한 은유들은 아이들의 뇌 이곳저곳에 차곡차곡 저장되어 있다가 금방 꺼낼 수 있는, 마치 전화번호부에 있는 데이터처럼 바로바로 써먹을 수 있는 지식은 아닙니다. 하지만 생각의 DNA 어딘가에 자리 잡은 채 숨 쉬고 있다가 어느 순간 우리 아이들로 하여금 다른 누구도 할 수 없는 '두 번째 생각'을 할 수 있게 만들어줍니다.

컴퓨터는 우리에게 생각할 틈을 주지 않아요. 우리가 원하는 것을 빠르고 정확하게 알려주지만, 그로 인해 우리는 깊이 사고할 기회를 잃어버립니다. 사람들이 긴 글보다 짧은 글을 선호하고, 그조차도 읽기 싫어서 영상으로 보기를 원하는 시대가 왔습니다. 이런 때일수록 뇌를 많이 사용하고 깊은 사고를 한다면 아주 의외의 것들을 연결할 수 있는 능력, AI도 갖지 못하는 그 능력을 갖게 될 것입니다.

3.

부모는
상황의
설계자

상황이 창의성을 끌어낸다

인지심리학자들이 무척 좋아하는 실험이 있습니다. "세상에 도움이 되는 실험이 있다면 뭘까?" 하고 물어보면 아마 인지심리학에서는 많은 사람이 이 실험을 꼽을 겁니다. 아주 간단한 방법으로 생각의 테두리를 벗어날 수 있게 해주는 실험이거든요. 그래서 이 실험을 하다 보면 위대한 장면들을 볼 수 있어요.

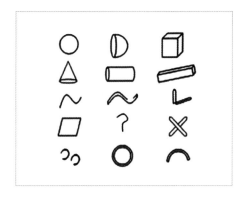

저는 이 그림과 같은 모양의 물체들을 가지고 평범한 초등학교에 갑니다. 평범하다는 건 우리나라 도처에서 늘 볼 수 있는 그런 보편적인 아이들을 만나러 간다는 뜻입니다. 그리고 3학년 교실로 가요. 반이 배정되는 시스템을 고려했을 때, 1학년과 2학년을 거쳐 3학년쯤 되면 이 교실과 저 교실의 아이들이 여러 면에서 큰 차이가 없을 겁니다. 각 반마다 평균적으로 비슷할 거라는 얘기죠.

왜 4학년 교실에는 안 가느냐고요? 초등학교 4학년부터 중학교 2학년까지는 보편적인 인류라고 보기 힘듭니다. 대입을 향한 오랜 공부를 본격적으로 시작하면서 삶이 무척 힘들어진 아이들이기 때문에 실험이 잘되지 않아요. 굉장히 무기력합니다. 재미있는 얘기를 해줘도 "아, 네" 하는 아이들이에요. 그래서 3학년한테 가는 겁니다.

아무튼 저는 3학년 1반부터 4반까지 총 네 군데의 교실에 그림에 보이는 물체들을 가지고 가서 똑같은 시간을 주고 똑같은 일을 시킵니다. 다만 말의 간격과 순서만 바꿔요. 하지만 그것만으로도 엄청나게 큰 차이가 생깁니다. 1반은 지극히 평범한 아이들, 2반은 꽤 똑똑한 아이들, 3반은 눈에 띄게 창의적인 아이들, 4반은 전 세계에서 가장 창조적인 아이들로 만들 수도 있어요. 그게 어떻게 가능할까요?

3학년 1반에 들어가면 아이들이 저를 보면서 가만히 앉아 있습니다. 저는 여러 가지 모양의 물체들을 뿌려준 다음에 이렇게 말합니다. "얘들아, 여기서 각자 마음에 드는 걸 다섯 개씩 골라. 그걸로 새롭고 신기한 걸 만들면 돼" 하면 아이들이 골똘히 생각하면서 물체를 골라요. 그런데 물결처럼 구부러져 있거나 꼬여 있는 건 절대 안 가지고 갑니다. 왠지 뒷감당이 안 될 것 같거든요. 다들 위쪽에 있는 기본 도형을 골라요. 정육각형, 원기둥 같은 거만 고른 다음에 남자아이들의 70퍼센트는 자동차나 기차를, 여자아이들의 80퍼센트는 집을 만듭니다. 그 광경을 보고 있으면 우리나라에 부동산 열기가 왜 이렇게 뜨거운지, 도로마다 자동차가 왜 그렇게 많은지 알 수 있어요.

2반에 들어가서는 말의 간격만 살짝 벌립니다. "마음에 드는 물체를 다섯 개씩 골라보세요." 여기까지만 얘기하고 나가요. 그러면 아이들이 "뭐지?" 하다가 예리한 녀석 하나가 저한테 물어봅니다.

"아저씨, 이게 끝이에요? 1반에서는 뭔가 좀 길게 하다가 오신 것 같은데……."

그러면 제가 "아니에요. 여러분이 기다리느라 지루해서 그랬던 거지. 옆 반에서도 그냥 마음에 드는 거 다섯 개 골랐어요. 아저씨는 이제 배고파서 집에 가려고" 하면서 연기를 막 하고 진짜로 교실을 나옵니다. 그러면 아이들이 물건을 고르기 시작하는데, 1반과는 상황이 완전히 달라요. 특이한 물체를 막 고릅니다. 이때 바로 진짜 취향이 나오는 거예요. 1반 아이들은 자기가 다루기 편한 물체를 골랐지만, 2반 아이들은 그냥 자기가 원하는 걸 택한 거지요.

아이들의 선택이 끝나면 저는 다시 교실로 들어갑니다. "자, 이제 자기가 고른 물체로 새롭고 신기한 걸 만들어보세요"라고 말하고 나면 아이들의 표정이 싸늘하게 식기 시작합니다. 대부분의 아이들은 저한테 항의를 해요. "미리 얘기를 해주셨어야죠! 그랬으면 이런 거 안 고르잖아요!" 목소리를 높이고, 자기들끼리 "저 아저씨 뭐야?" 하면서 난리가 납니다.

그런데 벌써 변화가 생기기 시작합니다. 옆 친구랑 같은 것을 만들래야 만들 수가 없거든요. 자연스럽게 서로 다른 걸 만들 수밖에 없어요. 그리고 자기가 좋아하는 걸 집어왔기 때문에 기발한 작품을 만드는 아이들도 심심치 않게 나옵니다. 심지어 "얘 보통이 아닌데?" 소리가 나오는 아이도 있습니다.

3반에서는 어떻게 할까요? 말의 간격을 벌리는 게 아니라 아예 순서를 바꿔버립니다. 물체들은 커튼 뒤에 가려둔 상태에서 아이들에게 "새롭고 신기한 걸 만든다면 뭘 만들 건가요?" 하고 먼저 물어봐요. 그러면 아이들이 어마어마한 걸 얘기합니다.

일단 지구의 평화를 지키는 로봇은 무조건 나와요. 남북통일을 가능하게 하는 프로그램을 만들겠다는 아이도 있었고요. 작년 초에는 일본 국무성 해킹 프로그램을 만들겠다는 아이들까지 나왔어요. 아이들이 의외로 시사, 상식, 국제 정세 같은 거에 굉장히 민감합니다. 예전에 어느 시골 학교에서는 한 여자아이가 저한테 여야 상생과 합의를 도출하는 프로그램을 만든다고 말했습니다. 정말 놀랍지 않습니까? 열 살짜리가 이런 이야기를 했어요. 충전할 필요가 없는 스마트폰, 기름을 넣지 않아도 굴러가는 자동차 같은 걸 얘기하면 친구들한테 "그릇이 작네"라는 소리를 듣습니다. 이러니 뒤로 갈수록 점점 더 센 게 나와요.

이 다음에 제가 무슨 일을 할지 아시겠죠? 저는 커튼을 올립니다. 일부러 천천히 올려요. 절반 정도만 올려도 아이들은 자기 앞에 닥칠 미래를 예감하기 시작합니다.

"여기에서 다섯 개를 고른 다음 방금 전에 여러분이 말한 것들을 만들어보세요!"

0.1%의 비밀

제 말에 아이들은 엄청난 배신감을 느낍니다. 손을 부들부들 떨어요. 이런 물건들을 가지고 지구를 지켜야 할 판이에요. 여야 상생과 합의도 도출해야 합니다. 얼마나 막막하겠어요?

그런데 아이들이 눈빛은 금방 달라집니다. 전혀 뜻밖의 일이지만 어떻게든 해내야 하거든요. 저마다 다섯 개의 물체를 엄청 신중하게 고르기 시작해요. 굴려보기도 하고, 부딪쳐서 소리도 들어보고, 심지어 냄새도 맡아봅니다. 자기에게 주어진 물건을 바라보는 아이들의 시선이 바뀌고 있는 거예요.

마지막으로 4반은 어떨까요? 3반과 똑같이 진행을 합니다. 다만 마지막에 자기가 고른 물체 다섯 개를 옆 친구와 바꾸라고 해요. 그렇게 하면 아이들이 저를 정말 경멸하는 눈빛으로 쳐다봅니다. 그렇지만 3반과 4반 아이들이 만들어낸 작품은 정말 기발합니다. 누가 봐도 창의적인 작품들이 쏟아져 나와요.

저는 3반과 4반 아이들의 작품을 객관적으로 판단해보고 싶어서 창의력 올림피아드에 참가해 금메달을 딴 아이들을 불러왔어요. 그 아이들에게 1반 아이들과 똑같은 방법으로 작품을 만들게 했습니다. 다섯 개의 물체를 골라 새로운 걸 만들라고 얘기한 거죠. 그렇게 해서 나온 작품들을 3반과 4반 아이들이 만든 것과 비교를 해봤어요. 실제로 창의력 올림피아드에서 하는 것처럼 개성, 창의성, 독창성, 혁신성, 실행 가능성까지 전부 점수를 매겼습니다. 그랬더니 대부분의 지표에서 3반과 4반 아이들의 점수가 두세 배 높게 나왔습니다. 놀라운 결과죠.

관점을 바꾸는 기회를 제공하라

사람들은 '창의적인 인재'라는 말을 즐겨 사용합니다. 하지만 인지 심리학자들은 그런 말을 잘 쓰지 않습니다. 창의적인 사람은 따로 있는 게 아니라고 생각하기 때문입니다. 사람은 그저 창의적인 상황 속으로 걸어 들어가는 것뿐이에요. 핵심은 바로 시간과 순서와 간격입니다.

1반 아이들은 왜 그렇게 평범했을까요? 창의력 올림피아드에서 금메달까지 딴 아이들이 왜 3반과 4반 아이들보다 훨씬 창의적이지 못한 작품을 만들어냈을까요? 그 아이들은 이런 순서대로 했어요. 도구를 고르고, 방법을 떠올리고, 그걸 가지고 할 수 있는 일이 무엇인지 생각했습니다. 목표를 가장 나중에 만든 거예요. 이렇게 하면 인간은 가장 평범한 삶, 남과 다르지 않은 삶을 살게 됩니다. 큰 결과를 내기 위해서는 큰 도구가 필요하다고 생각하는 게 인간이거든요. 이건 너무나 당연한 인간의 본성이에요. 이 본성 자체를 바꾸는 건 불가능합니다.

주사위 두 개를 던지면 나오는 수의 합 중 가장 큰 값은 얼마일까요? 답은 12겠지요. 가장 적은 값은 2입니다. 이건 변하지 않는 사실이에요.

제가 강의실에서 학생들에게 이런 얘기를 했어요. "여러분은 각자 주사위를 한 번씩 던질 수 있습니다. 본인이 던져서 나온 숫자와 친구가 던져서 나온 숫자의 합이 12가 나오면 제가 10만 원씩 드립니다." 그리고 다른 강의실에서는 숫자의 합이 2가 나오면 10만 원을 주겠다고 약속했습니다.

주사위 두 개를 던졌을 때 그 숫자의 합이 12가 나올 확률과 2가 나올 확률은 같습니다. 그런데 큰 숫자가 나와야 돈을 받을 수 있는 학생들은 "아유!" 하고 크게 외치면서 주사위를 던져요. 2가 나와야 돈을 받을 수 있는 학생들은 반대로 합니다. 작은 소리를 내면서 살짝 던져요. 더 웃긴 건 옆에 있는 친구들이 이렇게 얘기합니다. "야, 세게 던지면 2 안 나온다!" 큰 수가 나오게 하려면 큰 동작을 해야 하고, 작은 수가 나오게 하려면 작은 동작을 해야 한다고 생각하는 거예요. 자기도 모르게 이렇게 합니다. 큰 꿈을 이루거나 큰 사람이 되기 위해서는 그만큼 큰 도구가 필요하다고 생각하는 거예요.

여러분은 아이들에게 큰 도구를 주실 수 있나요? 저는 줄 수 없습니다. 백만장자가 아니거든요. 저처럼 평범한 부모라면 그런 걸 줄 수 없습니다. 그런데 순서를 바꾸는 건 해줄 수 있어요. 간격은 벌려줄 수 있지요. 2반 아이들은 1반 아이들에 비해 왜 조금 더 창조적이었을까요? 자기가 어디에 쓸까 생각하지 않고 자기가 좋아하는 걸 골랐잖아요.

우리는 주위에서 2반 아이들과 같은 사람들을 종종 봅니다. 정말로 자기가 좋아하는 일을 가지고 다른 사람들보다 내실 있고 보람찬 삶을 사는 사람들이지요. 그런데 3반, 4반 같은 경우는 잘 보지 못해요.

3반과 4반 아이들은 왜 그렇게 뛰어난 결과를 만들어냈을까요? 어떻게 그렇게 금방 지혜로워지고 창조적으로 변했을까요? 바로 순서를 바꿨기 때문입니다.

3반과 4반 아이들은 먼저 꿈을 꾸었어요. 그 꿈을 금지당하지 않았습니다. 이룰 수 없는 일들을 이야기하는데 누구도 비웃을 수 있는 상황이 아니었어요. 함께 그런 이야기를 나누며 유희를 즐기는 단 10분의 과정에서 1반이나 2반 아이들, 그리고 어느 누구도 가질 수 없는 시선을 가지게 된 겁니다. 꿈을 먼저 꾸고 나서 주어진 도구를 보면 그 도구들을 바라보는 관점 자체가 달라지거든요.

관점을 바꾸면 세상이 바뀐다는 소리 많이 들어보셨죠? 스스로 관점을 바꾸는 건 쉽지가 않습니다. 하지만 관점을 바꿀 수 있는 기회를 제공받으면 누구나 잘할 수 있어요.

저는 기업에서 강연을 할 때가 있습니다. 기업들은 대개 그곳의 파워 엘리트 그룹, 즉 자신들이 앞으로도 계속 중용해야 하는 인재들을 인재개발원이나 연수원에 모아두고 저에게 강의를 요청합니다.

"앞으로 우리 기업을 10년, 20년 이상 이끌어갈 인재들입니다. 이분들의 혁신적인 사고와 창의적인 행동에 도움이 되는 내용으로 좀 부탁드립니다" 하면서 강의가 몇 시간 정도 가능한지 물어보십니다. 그러면 저는 8시간 정도 할 수 있다고 말씀을 드려요. 그리고 초등학교 3학년 아이들에게 했던 실험을 똑같이 합니다.

아이들의 반응이 훨씬 적극적이기 때문에 편의상 아이들을 상대로 실험한 이야기를 들려드렸지만, 사실 이 실험은 어른들, 그중에서도 특정 분야에 관한 지식이 뛰어난 전문가들을 상대로 했을 때 더 드라마틱한 결과가 나옵니다. 아이들은 아직 사고가 유연해요. 어른들은 아이들보다 생각이 굳어 있기 때문에 그 생각의 테두리를 벗어나기가 더욱 어렵습니다. 그래서 이런 실험에 더 큰 영향을 받아요. "저는 창의성이 정말 부족해요"라고 했던 분들이 상황에 따라 얼마든지 기발한 생각을 하고 새로운 작품을 만들어냅니다. 이유는 하나, 바로 관점이 달라졌기 때문입니다.

다른 공간이 다른 관점을 만든다

우리가 다른 관점을 갖기 위해 가장 쉽게 할 수 있는 일이 있습니다. 바로 다른 공간으로 가는 거예요. 3장에서 소개한 '두 줄 실험'에서도 강의실을 벗어나 산책을 하고 돌아온 대학원생들은 문제를 해결했잖아요. 내가 속해 있던 장소를 벗어나면 나를 계속 붙잡고 있던 생각으로부터 벗어나기도 쉽거든요.

인간은 굉장히 위치 종속적인 존재입니다. 그래서 위치를 빼놓은 대화와 위치를 포함한 대화는 그 느낌이 완전히 달라져요. "우리 언제 밥 한번 먹자" 하는 사람에게 "어디서?"라고 물으면 어떻게 될까요? 별 뜻 없이 말을 던졌던 사람이라면 당연히 당황할 거예요. 정말로 나와 함께 밥을 먹고자 했던 사람은 당황하지 않을 것입니다.

저한테는 딸이 두 명 있습니다. 한 명은 고등학생이고, 한 명은 중학생이에요. 나름대로 험난한 길을 걸어왔고, 앞으로도 그럴 겁니다. 대한민국 십대가 다 그렇겠지만, 저희 딸들도 공부 때문에 스트레스를 받고 있어요. 저 또한 아이들에게 공부에 대해 이야기하지 않을 수 없는 학부모의 입장입니다.

대부분의 부모님은 아이들에게 "너 언제 공부할 거야?"라고 얘기하십니다. 그러면 아이들은 "몰라" 하겠죠. 지금 당장 공부하고 싶어 죽겠다는 아이들은 없을 테니까 '언제' 할 거냐고 물으면 당연히 '나중에' 하고 싶을 겁니다. 이제 이야기를 살짝 바꿔서 해보세요. "너 오늘 어디서 공부할 거야?"라고 물으면 아이들이 자기도 모르게 공부를 어디서 할까 고민을 합니다. "그러게? 오늘은 어디서 하지? 방에서 할까? 독서실에 가야 하나?" 할 거예요. 위치가 나오는 대화는 의미가 있는 대화입니다.

새로운 생각이 떠오르지 않을 때는 우선 지금 있는 장소에서 좀 벗어나보세요. 다만 이탈의 과정에 다른 목적이나 도구가 있어서는 안 됩니다. 지금 내 머릿속을 채운 생각의 테두리를 벗어나 다른 관점을 가지기 위한 이탈인데 특정한 일에 정신을 빼앗기면 안 되겠지요.

다산 정약용 선생님은 508권이나 되는 저서를 남기셨는데요. 그중 상당수는 유배생활 중에 집필한 것입니다. 체력 좋은 종들과 두둑한 노잣돈을 가지고 돌아다니던 시절보다 귀양살이를 하며 아무것도 없는 시골마을을 떠돈 18년의 시간 동안 훨씬 더 많은 업적을 남기셨어요. 정치적인 모함 때문에 어떠한 목적도 갖지 못한 채 터벅터벅 걸을 수밖에 없던 그때, 귀한 문화유산들을 남긴 셈입니다.

한국문화의 역사를 살펴보면 유배 중에 탄생한 역작이 정말 많습니다. '유배 문학'이라고 따로 칭할 정도예요. 남해에는 '유배문학관'이라는 박물관이 있습니다. 한양의 도성과 가장 멀리 떨어진 남해로 귀양을 온 위인들이 그만큼 수많은 작품을 남겼던 거지요.

제가 이렇게 얘기하면 어딘가 먼 곳으로 떠나야 한다고 생각하시는 분들이 많아요. 하지만 그럴 필요는 없습니다. 내가 주로 다니던 길 대신 가보지 않은 길을 택하면 되는 거예요. 우리 동네가 아닌 옆 동네의 길들을 이용해도 좋습니다. 그렇게만 해도 뇌에서 긍정적인 변화가 일어납니다.

우리 뇌에는 해마와 편도체라는 게 있어요. 우리가 스트레스를 받을 때, 그 스트레스 요인에 생각이 갇혀 옴짝달싹하지 못하고 계속 거기에 얽매여 있을 때, 편도체가 나와서 온갖 종류의 안 좋은 감정들을 만들어냅니다. 해마는 기억을 담당하는 기관인데, 새로운 것을 배우는 데 꼭 필요해요. 해마가 활발하게 활동하면 안 좋은 감정을 잊게 됩니다. 해마랑 편도체는 길항 작용을 하거든요. 한쪽이 기가 살면 한쪽은 기가 죽는, 그런 관계인 거예요. 걷는 행위는 해마를 활성화하고, 그로 인해 편도체의 활동은 자연히 약화됩니다.

우리는 큰 스트레스를 받으면 큰 변화를 만들어내야 한다고 생각해요. 스트레스를 벗어나기 위해 유럽 여행을 간다면 그곳에서 끝도 모를 외로움을 느끼게 될지도 모릅니다. 중요한 건 얼마나 멀리 벗어나느냐가 아니에요. 작은 변화를 경험하는 것입니다.

창의성을 잘 발휘하는 사람들을 보면 자기가 어떤 때에 새로운 생각을 떠올리는지 잘 알고 있어요. 컴퓨터 앞을 벗어나 따뜻한 물로 목욕을 한다거나, 아무리 바빠도 아침에 달리기를 한다거나 하는 식이에요. 그런 시간은 창의성뿐만 아니라 행복한 삶을 위해서도 분명 필요합니다.

저는 부모님들께 권해드리고 싶어요. 아이와 다투거나 갈등이 생겼다면, 또는 각자 속상한 일이 있다면 함께 산책을 나가는 겁니다. 가깝지만 가보지 않은 곳에 가서 휴대전화는 보지 마시고 한 시간 정도만 걸어보세요.

같이 길을 가는 것을 동행이라고 합니다. 사람들은 마주 보고 싸워요. 그런데 얼굴을 마주하고 자기 말만 하던 사람들도 동행을 하다 보면 다른 느낌을 받습니다. 서로 대립하는 관계가 아니라 같이 나아가는 사이임을 깨닫게 되는 거지요. 부모와 자녀도 마찬가지입니다. 나란히 걸으면서 특별한 목적이 없는 소소한 대화를 나누다 보면 아이도 '아, 맞다. 우리 엄마랑 아빠는 내 동반자였지' 하고 생각하게 될 것입니다.

창의적이지 않은 사람은 없다

대부분의 사람이 자기 자신을 창의적이라고 생각하지 않아요. "본인이 창의적이라고 생각하시나요?"라고 물으면 어느 강연장에서도 손을 드는 분이 없습니다. 고개를 끄덕이는 사람조차 없어요. 어쩌면 자신 있게 손을 드는 사람이 없는 게 당연합니다. 우리나라 사람들은 튀는 행동을 좋아하지 않으니까요. 다른 사람들은 가만히 있는데 나 혼자 그들과 다른 행동을 하고 싶지 않은 거예요.

여러 명이 있는데 그중 한 사람만 웃고 있는 사진을 보여주면서 "여기 이렇게 웃고 있는 사람은 어떤 사람인가요?" 하고 물으면 미국 사람들은 "기분이 좋은 사람이네요"라고 대답합니다. 그 사람 자체만 생각해요. 웃고 있으니까 행복한 사람이라는 거지요. 그런데 우리나라 사람들의 대답은 다릅니다. "분위기 파악을 잘 못하는 사람이군요"라는 대답이 돌아와요. 다수의 기분부터 파악을 하거든요.

우리나라는 관계주의 문화예요. 그리고 우리 세대는 그 문화에 상당히 익숙합니다. 그러니까 창의성이 있는 사람도 손을 들지 못합니다. 하지만 창의적인 사람들은 분명히 존재해요. 그런데 그런 사람들조차 자신이 어떻게 해서 그럴 수 있는지 잘 알지 못합니다.

저는 창의성을 키우는 방법에 대한 질문을 정말 많이 받습니다. 개인적으로 묻는 분도 있고, 기업이나 정부기관, 학교 등 여러 단체에서 창의성에 관한 강연을 의뢰하기도 해요. 현재 창의성 관련 교육이나 프로그램을 담당하고 있는 분들을 대상으로 강연을 할 때도 많습니다. 그분들은 얼굴에 그늘이 져 있어요. 창의성이라는 게 교육을 한다고 해서 바로 성과가 눈에 보이는 건 아니거든요. 게다가 그 성과를 수치화하기도 어렵습니다. 그러다 보니까 그분들 입장에서는 힘들 수밖에 없어요.

이런 현상의 원인은 창의성을 능력으로 보는 데 있습니다. 그래서 저는 '창의력'이라는 표현을 좋아하지 않아요. 일부러 '창의성'이라는 말을 고집합니다. 창의성은 인지 능력으로 보기보다는 투자의 개념으로 생각해야 해요. 능력이라고 생각하면 당장 그 수치를 측정하거나 상승시켜야 한다는 부담을 느끼게 되거든요.

조이 길퍼드(Joy Paul Guilford)와 같은 심리학자들은 독창성, 상상력, 민감성, 융통성 등이 창의성을 구성하는 요소라고 말하고 있습니다. 창의성이라는 건 결과예요. 독창적인 생각을 하자고, 상상력을 키우자고 아무리 다짐하고 강조한들 그게 마음처럼 되지 않아요. 그보다는 창의성이라는 결과를 얻기까지 어떤 과정이 필요한지, 그것부터 알아야 합니다. 그 과정을 통해 창의성을 발휘할 수 있는 것이니까요.

부모로서 우리가 가장 버려야 할 태도는 '우리 아이는 창의성이 떨어져'라는 생각을 하는 것입니다. 실제로 이런 얘기를 하시는 분들이 계세요.

"우리 아이는 새로운 걸 생각하는 능력은 별로 없어요. 그냥 지시하는 대로 성실하게 따라 하는 건 잘해요. 창의적인 건 포기하고 안정적인 직업이나 가지면 좋겠어요."

이렇게 아이를 평가절하하지 않았으면 좋겠어요. '저는 창조적인 사람이 아니에요.' 이건 사실 말이 안 되는 말입니다. 우리는 모두 창조적이에요. 다만 나를 창조적으로 만드는 상황에 들어가 있지 못한 거예요. 3학년 1반 아이들은 창의성이 떨어져서 흔한 작품을 만들고 3반과 4반 아이들은 본래 창의적이어서 기발한 작품을 만든 게 아니거든요.

창조적인 아이, 혁신적인 아이를 낳을 방법은 없습니다. 그러나 내가 낳은 아이를 창조적이고 혁신적으로 만들 수 있는 상황의 설계자가 될 수는 있어요. 부모님들이 해야 할 일은 아이를 믿고, 상황의 힘을 믿는 거예요. 제가 지금껏 말씀드렸던 것 기억하시죠? 연결과 유추의 힘, 순서와 시간과 간격의 비밀, 무목적의 시간 등 방법은 많습니다. 창의성을 발휘할 수 있는 상황 속으로 걸어 들어간다면 우리 아이들도 충분히 창의적인 사람으로 자랄 수 있습니다.

4.

꿈이 있는
아이들의 미래

'원트(want)'와 '라이크(like)'

세상이 참 빠르게 변하고 있습니다. 우리 아이들이 살아갈 세상은 지금과 다를 거예요. 하지만 어른들이 아이들에게 강조하는 건 크게 변하지 않은 것 같습니다. 여전히 진로 교육이 아닌 진학 교육에만 힘을 쏟는 느낌이에요. 대부분의 아이는 대학 입시를 위한 공부를 하는 데 모든 시간을 바칩니다. 하지만 대학이 인생의 끝은 아니거든요. 자기가 어떤 일을 해야 성취감을 얻고 행복한 삶을 살 수 있을지 생각해야 해요. 따라서 어린 시절부터 자신의 관심사와 잠재력을 탐색하고 계발해나가야 합니다. 부모 또한 아이가 그럴 수 있도록 도와줘야 하겠지요.

부모님들은 아이가 어떤 일을 하길 원하는지, 무슨 일을 좋아하는지 궁금해하세요. 그런데 정말 많은 분들이 아이가 '원하는 것'과 '좋아하는 것'을 구분하지 못하십니다. '원트(want)'와 '라이크(like)'를 혼동하지만 않아도 아이의 미래를 이야기하는 일이 한결 수월해져요. 결론부터 말씀드리자면, 부모님이 지금 아이에게 원하고 있는 일은 아이가 오랫동안 좋아할 수 있는 일이 아닐 가능성이 높습니다.

제가 예전에 늦둥이 막내딸이랑 놀이동산에 간 적이 있어요. 그런데 표를 끊고 들어가자마자 아이가 드러눕더라고요. 만화 캐릭터가 그려져 있는 커다란 풍선을 사달라고 떼를 쓴 거예요. 막내딸이 그러면 당해낼 재간이 없습니다. 첫째는 아무리 드러누워도 제가 다른 데만 쳐다 보고 있으면 돼요. 첫째가 엄마랑 판박이거든요. 제가 모르는 척하고 있으면 아무도 그 애가 제 딸인지 몰라요. 하지만 둘째 막내는 저랑 똑같이 생겼어요. 집에서 마주칠 때마다 깜짝깜짝 놀랍니다. 마치 어린 시절의 저를 보는 느낌이에요. 그러니까 애가 사람들 앞에서 땡깡을 부리고 있으면 누구나 제 딸인지 압니다. 심지어 제가 아침 방송에도 출연하던 때라서 지나가던 어떤 분이 "자기 애나 똑바로 가르치지" 하시는 거예요. 그러니 안 사줄 수가 없죠.

저는 결국 풍선을 사주기로 하고 가격을 물어봤습니다. 그 가격이 지금도 잊히지가 않아요. 풍선 하나가 12,000원이래요. 그게 말이 됩니까? 치밀어 오르는 분노를 삼키고 풍선을 사서 아이에게 주었습니다. 아이가 원하니까. '아이가 이렇게나 좋아하는데 사주자!' 하는 마음이었어요.

5분 정도 지났을까요? 앞서서 걸어가고 있는데 아이가 뒤에서 저를 부르는 거예요. "아빠! 팔 아파요!" 너무 불길한 말이잖아요. 제가 얼른 뒤돌아봤더니 풍선은 이미 하늘로 올라가고 있더라구요. 하지만 그게 저한테는 풍선이 아니죠. 12,000원이에요! 12,000원이 불과 5분 만에 공중으로 사라지는 걸 보면서 한 사람의 심리학자로서 깨달음을 얻었습니다. 부모도 자기 아이를 미워할 수 있다는 사실을 처음으로 깨달았습니다. "이 녀석아, 풍선이 갖고 싶다고 그렇게 떼를 쓰더니 5분 만에 줄을 놔버리면 어떡해?" 아이를 많이 나무랐어요.

그런데 저는 그날 저녁에 놀이동산에서 찍은 사진들을 쭉 보다가 깜짝 놀랐습니다. 채원이가 풍선을 사달라고 졸랐던 그 장소에서 찍었던 사진을 보니까 주위에 있는 대부분의 아이가 풍선을 가지고 있더라고요. 그런데 5분 후에 풍선 줄을 놓았던 곳을 찍은 사진에는 풍선을 들고 있는 아이가 없어요. 그러니까 채원이는 풍선을 원했던 것일 뿐, 정말로 좋아했던 게 아니에요. 풍선이 좋았던 게 아니라 다들 갖고 있으니까 자기도 갖고 싶었던 겁니다. '원트(want)'만 있고 '라이크(like)'는 없었던 거지요.

이게 부모님과 아이들 사이에서 많이 벌어지는 일입니다. 아이가 원하는 걸 좋아하는 거라고 착각하는 거지요. 제가 그때 좀 더 지혜로웠더라면 아이가 간절히 원한다는 이유로 풍선을 사주기보다는 다른 아이들이 풍선을 갖고 있지 않은 장소로 빨리 이동을 했어야 했겠지요. 풍선을 가지고 있지 않은 아이들 틈에서도 아이가 여전히 풍선을 떠올리고, 기억하고, 생각한다면 그 아이는 풍선을 정말 오래 좋아할 아이입니다. 그런데 저는 아이를 거기에 데려가보지 않은 거예요.

아이들 자신도 그걸 잘 모릅니다. 지금 당장 눈에 풍선이 보이니까 좋아 보이고 자기도 갖고 싶은 건데, 저도 모르게 풍선이 좋은 거라고 생각할 수 있어요. 그러니까 부모의 도움이 필요한 거지요. 제가 이 점을 미리 알았다면 12,000원을 좀 더 유용하게, 좋은 곳에 쓸 수도 있었을 거예요.

아이가 무언가를 원하고 있다면 아이가 그걸 좋아하는지도 알아봐야 합니다. 특히 그 무언가를 원하기만 하는 게 아니라 잘하고 있을 때는 부모도 헷갈리기 쉬워요. 아이가 그걸 왜 원할까요? 어떻게 잘하는 걸까요? 그건 누군가와의 경쟁에서 이기고 있기 때문입니다. 하지만 다른 아이들과의 경쟁이 없는 상태에서도 여전히 아이가 그 일을 떠올리고, 궁금해하고, 그에 관련된 이야기를 하고 있다면 그건 정말 좋아하는 일인 거예요.

미술대회에서 매번 상을 타는 아이가 있어요. 그 아이는 자기가 미술에서 좋은 성과를 내니까 미술을 계속하고 싶어 합니다. 부모도 그게 맞는 거라고 생각하기 쉬워요. 이때 생각해봐야 할 게 있어요. 혹시 다른 사람과 미술로 경쟁하고 이길 수 있는 그런 틀 안에서 아이의 미래를 보는 건 아닌지 생각해봐야 합니다. 미술을 정말로 좋아하는 아이라면 오랫동안 미술을 향유할 수 있는 일을 하는 게 행복해요. 그렇지 않다면 굉장히 힘들어지겠죠.

중요한 건 '원트'보다 '라이크'입니다. 부모가 할 수 있는 일은 원트와 라이크의 경계선에서 '운송수단'의 역할을 하는 것입니다. 자리를 이동해서 다른 관점을 통해 아이의 원트에 라이크도 포함되어 있는지 알아보는 그런 역할을 해주신다면 아이들과 함께 훨씬 더 지혜롭게 미래를 바라볼 수 있지 않을까 합니다.

무언가를 좋아한다는 것

"교수님, 우리 아이는 음악을 전공했으면 좋겠어요."

제가 아는 한 어머님이 이런 말씀을 하셨어요. 그래서 제가 이유를 여쭤봤습니다. 그랬더니 아이가 음악을 너무너무 좋아한대요. "어떤 음악을 좋아하나요?" 하니까 "음악이면 다 좋아해요" 하시더라고요.

"어머니, 저는 음식을 너무너무 좋아해요. 뭐든지 다 좋아합니다. 제 친구들이 제가 안 먹는 음식은 상한 거라고 말할 정도예요. 그러면 제가 어떤 직업을 피해야 할까요?"

저는 그분에게 이렇게 말씀드렸습니다. 실제로 저는 먹는 걸 정말 좋아합니다. 그런데 저처럼 무엇이든 잘 먹는 사람이 피해야 할 직업이 있어요. 바로 요리사입니다.

아무거나 맛있게 먹는다는 건 민감도가 없다는 얘기예요. 요리를 잘하려면 맛에 민감해야 합니다. 요리에 관한 드라마를 보면 요리 고수들이 나오잖아요. 유명한 셰프나 평론가들이 나오는데 다들 성깔이 있습니다. 어떻게 보면 성격 파탄자 같아요. 맛없는 음식을 먹으면 어떻게 이딴 음식을 만드느냐고 소리를 꽥 지르고, 맛있는 음식을 먹으면 황홀한 듯한 표정을 짓거든요. 좋고 싫음이 아주 명확한 거죠. 좋은 맛과 아닌 맛을 잘 구분해요. 그게 민감한 거예요.

원트와 라이크를 구분하는 건 중요해요. 그런데 '좋아한다'는 개념에 대해 잘 생각해봐야 합니다. '나는 음악을 좋아하니까 음악가가 돼야지', '나는 먹는 걸 좋아하니까 요리사가 돼야지' 하는 건 단순한 발상입니다.

아이가 음악을 다 좋아한다고 해서 우리 아이는 음악을 하면 되겠다고 생각하는 건 위험해요. 오히려 아이가 클래식만 좋아한다거나 매일 국악만 듣는다면 그건 아이의 적성 면에서 괜찮은 사인이에요. 트로트 신동이라는 아이들만 봐도 항상 트로트만 듣고, 그것만 부르거든요. 한마디로 자기가 좋아하는 것에 관해서는 조금 까칠하게 구는 게 있어야 해요.

생각해보세요. 자기가 특별히 좋아하고 추구하는 사운드가 있어야 다른 사람들이 하지 못하는 음악을 하잖아요. 예를 들어 정말 뛰어난 디자이너라면 색에 있어서만큼은 까다로워야 합니다. '이 색깔은 사랑스러운 느낌을 줘', '저 색깔은 여기에 쓰면 안 돼', '이런 색의 조합이 최고야' 하는 사람이어야 자기만의 능력을 발전시키고 재능을 펼칠 것입니다.

적성을 찾을 때는 경쟁에서 벗어나야 해요. 영재교육을 할 때 가장 안 좋은 방법이 아이를 다른 아이들과 경쟁시키는 것입니다. 그러면 제대로 교육이 되지 않아요. 그냥 각각의 아이들이 자기 자신과 승부를 봐야 합니다. 예전의 나보다, 어제의 나보다 나아지기 위한 스스로와의 싸움에서 계속 즐거움과 동기를 찾을 수 있으면 그게 바로 적성이에요. 그리고 그 과정에서 까다로운 취향과 기준이 생겨야 하는 거죠.

0.1%의 비밀

하지만 우리는 대부분 적성을 이렇게 찾아요. 아이가 뭔가를 빠르게 잘해내면 그게 적성이라고 생각합니다. 대표적인 예로, 저희 어머니는 제가 어릴 때 음악에 재능이 있다고 착각하셨어요. 저를 피아노 학원에 보내셨는데, 저는 피아노를 치는 게 정말 싫었습니다. 하지만 열심히 했어요. 피아노 학원을 빨리 다녀와야 친구들이랑 축구를 할 수 있었거든요. 그때 제 목표는 오직 하나였습니다. 얼른 축구하러 가는 것. 그래서 혼신의 힘을 다해 피아노 연습을 했습니다. 한 시간 동안 연습해야 할 곡을 45분에 끝냈어요. 빨리 숙달해서 선생님에게 '오케이'를 받으면 피아노 학원에서 풀려날 수 있었습니다. 그런데 저희 어머니는 제가 다른 아이들보다 빨리 곡을 익히는 모습을 보고 제가 잘한다고 생각하셨던 거지요. 저한테 속으신 거예요.

그렇게 1년간 피아노를 쳤습니다. 하지만 조금도 피아노가 좋아지지 않았어요. 결국 1년 치 학원비만 허무하게 낭비를 한 거죠. 그 낭비를 이유로 저는 피아노 악보를 들고서 벌을 받아야 했습니다.

아이가 정말 좋아하는 게 무엇인지 알기 위해서는 성과에 너무 집중하면 안 됩니다. 정말 좋아하는 게 있으면 아이들은 누가 시키지 않아도 알아서 그 일을 하고, 기꺼이 누립니다. 우리는 이런 행위를 '향유'라고 하지요. 향유한다는 건 성과랑 상관없이 계속 거기에 머물러 즐기는 거예요. 자기가 남보다 잘해서, 혹은 칭찬을 받거나 용돈을 받고 싶어서 하는 건 그 아이의 적성이 아니에요. 아이가 무언가를 다 좋아하고 빠르게 잘해낸다는 생각이 들 때, 그 생각에서 빠져나오십시오. 그러면 오히려 아이의 적성을 잘 보게 됩니다.

접근 동기 VS 회피 동기

사람은 좋아하는 일을 할 때 행복합니다. 재능이 있는 사람은 노력하는 사람을 이기지 못하고, 노력하는 사람은 즐기는 사람을 이기지 못한다는 말이 있어요. 즐기는 사람은 일부러 노력하려고 마음먹지 않아도 자연스럽게 자기 일을 열심히 하게 되거든요. 좋아하는 일을 찾아서 즐겁게 할 수 있다면 그게 바로 재능이에요. 재능이란 특별한 게 아니라는 뜻입니다.

공부도 마찬가지예요. 누가 시키지 않아도 스스로 공부하는 사람들이 있습니다. 공부할 머리를 타고나거나 엉덩이 힘으로 노력하기만 해서는 상위 0.1퍼센트가 되기 어려울 거예요. 공부 역시 즐기는 사람이 잘할 수밖에 없습니다.

제가 이런 이야기를 하면 많은 부모님들이 궁금해합니다. "대체 어떻게 공부를 즐길 수 있나요?" 우리는 이런 일이 가능하지 않다고 생각합니다. 몇몇 천재들이나 공부를 좋아할 거라고 생각해요. 하지만 공부를 비롯한 모든 일에서 좋은 결과를 내기 위해서는 '욕망'이 있어야 해요. 그 일을 잘 하고자 하는 욕구가 필요한 거지요.

인간의 욕망은 생각보다 단순합니다. 크게 두 가지로 나눌 수 있어요. 바로 '접근 동기'와 '회피 동기'입니다. 접근 동기는 내가 바라는 일이 일어났으면 좋겠다는 마음입니다. 반대로 회피 동기는 내가 싫어하는 일이 일어나지 않기를 바라는 감정이지요.

어느 아이가 시험공부를 열심히 했어요. 그런데 똑같이 공부를 열심히 해도 어떤 동기가 있었느냐에 따라 그 아이가 나중에 겪게 되는 감정이 완전히 달라집니다. 예를 들어 아이의 부모님이 "이번 수학 시험 90점 넘으면 네가 좋아하는 곳으로 여행 가자!"라고 했다면 아이의 접근 동기를 건드린 거예요. 아이는 여행을 가고 싶다는 마음으로 공부를 하겠죠. 만일 90점이 넘는 점수를 받게 되면 무척 기뻐할 것입니다. 좋아하는 걸 얻게 되었잖아요. 점수가 90점이 넘지 않는다면 아이는 슬퍼할 거예요. 좋아하는 일을 하지 못하게 됐으니까요.

그런데 부모님이 "이번 수학 시험 90점 못 넘으면 해병대 캠프 보낼 거야!"라고 했다면 아이는 회피 동기를 갖게 됩니다. 해병대 캠프에 가기 싫어서 공부를 할 거예요. 90점이 넘는 점수를 받으면 안도하게 되겠지요. 기쁨과는 다른 감정입니다. 90점이 못 되는 점수를 받으면 불안과 공포를 느낄 겁니다.

접근 동기는 좋고, 회피 동기는 나쁘다고 말할 수는 없습니다. 상황에 따라 두 가지를 다르게 사용해야 합니다. 접근 동기와 회피 동기를 적절하게 활용하기 위해서는 두 가지를 기억해야 해요.

첫 번째 포인트는 '시간'입니다. 어떠한 일의 성과가 먼 미래에 나오는 경우에는 접근 동기를 자극해야 해요. 은퇴 설계 저축 상품을 광고 할 때 보면 항상 노부부의 아름다운 일상을 보여줍니다. 그러면 보는 사람들은 '아, 나도 저런 노후를 보내고 싶다'라는 생각을 하게 돼요. 반대로 당장의 성과를 위해서는 회피 동기를 자극해야 하겠지요. 실손 보험 광고를 보세요. 오늘 다칠지, 내일 다칠지 모른다면서 얼른 대비를 해야 한다고 강조합니다. 누구나 그런 일을 피하고 싶잖아요. 싫은 일을 피하고 싶다는 욕망을 건드리는 거예요.

문제는 시간이라는 것이 사람에 따라 다르게 느껴진다는 것입니다. 이미 많은 세월을 살아온 부모님들은 시간이 빨리 가는 것처럼 느껴요. 그러니까 자꾸 회피 동기를 자극합니다. "너 그렇게 공부 안 하면 백수 된다!" 하지만 아이들의 시간은 보다 천천히 흘러가고 있습니다. 그러니까 접근 동기를 자극해야 돼요. 한때 인터넷에서 굉장히 화제가 되었던 사진이 있어요. 어떤 학생이 자기가 다니는 학교 교실에 걸려 있는 급훈을 찍어서 올린 거예요. 거기에는 이렇게 적혀 있습니다. "열심히 공부하면 배우자 얼굴이 바뀐다." 그 학급 선생님은 아이들의 접근 동기를 건드릴 줄 알았던 거예요.

두 번째 포인트는 '자아'입니다. 자극의 대상이 '나'인지 '우리'인지에 따라서 동기도 달라져요. 혼자 밥을 먹어야 하는 상황에서는 내가 좋아하는 음식점에 갑니다. 그런데 회식 장소를 골라야 하는 경우에는 무난한 음식점을 고르죠. 다른 사람에게 최대한 욕을 덜 먹을 만한 장소를 선택하는 거예요. 접근 동기와 회피 동기의 차이점을 잘 아시겠죠?

0.1%의 비밀

안타까운 사실은 우리나라 사람들 대부분이 접근 동기보다 회피 동기에 익숙해져 있다는 점입니다. 자기가 싫어하는 건 잘 알아요. 다른 사람들이 싫어하는 것도 잘 알고 있습니다. 하지만 좋아하는 것에 대해서는 그렇지 못해요. 초등학생 아이들에게 "네가 어떤 일을 할 때 엄마가 싫어하시니?" 하면 별 고민 없이 대답을 합니다. 텔레비전 많이 볼 때, 양치질 안 하려고 할 때, 컴퓨터 게임을 할 때, 옷을 아무데나 벗어둘 때……. 줄줄이 나와요. "그럼 뭘 할 때 엄마가 좋아하셔?" 물으면 "공부요" 하고 끝입니다.

저는 부모님들이 당장의 성적을 높이기 위해 아이의 회피 동기를 자극하기보다는 아이들이 자신의 꿈을 찾을 수 있도록 도와주시면 좋겠어요. 그게 접근 동기거든요. 꿈이 있는 아이들은 자신이 원하는 바를 이루기 위해 열심히 공부할 거예요. 그 어떤 것보다 강력한 동기 부여가 되겠지요.

꿈꾸는 사람이 행복하다

주위를 둘러보면 자신이 무엇을 좋아하는지 모르는 사람들이 참 많습니다. 자기에게 주어진 일만 해왔거든요. 좋은 대학을 가야 한다니까 무작정 공부를 하고, 좋은 직장을 가야 한다니까 무작정 취업 준비를 하고, 노후 준비를 해야 한다니까 무작정 돈을 모아요. 우리 세대는 대다수가 이렇게 살아왔어요. 내가 진정으로 좋아하는 일이 뭔지, 나에게 어떤 재능이 있는지, 어떤 꿈을 가져야 할지 생각하며 살지를 못했습니다.

꿈은 없는데 목표는 참 많아요. 3년 안에 차를 바꾸고 10년 안에 집을 사겠다는 목표, 체중을 줄이겠다거나 일 년에 책을 몇 권 읽겠다는 목표 등 수많은 목표를 세웁니다.

목표와 꿈은 완전히 다른 기능을 합니다. 목표는 정해진 시간 내에 이룰 수 있어야 해요. 비교적 빠른 시일 내에 이루어야 하는 것이죠. 목표를 이루지 못하면 계속해서 내가 왜 이루지 못했는지 분석하고 더 위로 갈 수 있도록 채찍질을 해야 해요. 그런데 그 과정에서 꿈도 있어야 합니다. 꿈만 있고 목표는 없다면 그건 허황된 삶이에요. 반대로 꿈은 없고 목표만 있는 삶은 지겹고 지루합니다.

지금까지는 꿈이 없는 사람도 어느 정도 버틸 수 있었어요. 인간의 수명이 그렇게 길지 않았거든요. 우리가 몇 살까지 살 수 있을까요? 그건 아무도 모르지요. 그런데 인간의 수명을 연구하는 사람들과 함께 공부한 바로는 우리 세대는 110세까지도 살 수 있습니다. 운이 나쁘면 130세까지 살 수도 있습니다. 왜 제가 운이 나쁘다는 표현을 썼을까요? 오래 사는 것 자체가 나쁘다는 게 아니에요. 문제는 심심하게 사는 것입니다. 꿈도 없이 산다면 얼마나 끔찍한 130년이 되겠어요?

우리 아이들 세대는 기대수명이 130이에요. 학자에 따라서는 그보다 더 길게도 가능하다고 해요. 이 말은 곧, 우리 인류가 지금까지 열

0.1%의 비밀

어보지 못한 문을 계속 열고 있다는 이야기입니다. 안 가본 길을 가고 있다는 거예요. 그리고 우리 아이들은 우리가 열지 못한 문조차도 열어야 합니다. 20년, 30년을 더 그렇게 해야 해요.

과거에 대부분의 사람은 마흔 전후로 세상을 떠났습니다. 학자들은 조선시대의 평균 수명을 그 정도로 추정하고 있어요. 그때는 꿈이 꼭 필요하지 않았습니다. 적게 자고 부지런히 일하면 됐던 거예요. 목표만 있어도 괜찮았던 거지요. 하지만 130세까지 살 우리 아이들, 이전 세대가 가보지 않은 곳을 계속해서 걸어가야 할 우리 아이들에게는 꿈이 필요합니다.

여기서 말하는 꿈은 직업이 아닙니다. 어떤 아이의 꿈이 '교사'라고 한다면 그 아이의 꿈은 임용고시에서 탈락하는 순간 끝이 나는 거예요. 꿈이라는 건 그런 게 아니거든요. 오랜 시간 동안 추구해야 하는 일입니다. 선생님이라는 직업이 아니라 '배움이 필요한 사람들에게 내가 아는 것을 가르치는 일을 하겠다'고 꿈을 정해야 하는 거지요. 그렇다면 그 아이는 100세, 130세가 될 때까지도 자신의 꿈을 이뤄나갈 수 있는 거예요.

우리는 자칫 명사의 덫에 빠지기 쉽습니다. 어떤 사람을 한 단어로 규정하길 좋아해요. 그리고 그 단어에 대해서 더 이상 생각을 하려 하지 않습니다. 아이들은 과학자가 되는 게 꿈이고, 가수가 되는 게 꿈이라고 해요. 어떤 과학자가 되고 싶은지, 어떤 가수가 되고 싶은지 생각하지 않습니다. 하지만 과학자가 되고 난 뒤, 가수가 되고 난 뒤에도 삶은 계속 이어져요. 우리가 동사의 꿈을 꾸어야 하는 이유입니다.

제가 가장 좋아하는 말이 있습니다. AI는 '에버리지 셀프(average self)'입니다. 평균화된, 평균적인 자아예요. 그런데 인간은 '유니크 셀프(unique self)'예요. 자신만의 독특한 자아가 있다는 거지요. 그 독특한 자아를 지켜야만 인공지능에 의해 대체되지 않고 인공지능을 부리는 사람이 됩니다.

4차 산업혁명 시대에 우리 아이들을 그렇게 키우기 위해서 부모인 우리는 아이들에게 목표가 아닌 꿈을, 명사가 아닌 동사로 이야기하는 사람이 되어야 합니다. 꿈꾸는 아이들만이 새로운 시대를 만들어나갈 수 있을 것입니다. 따라서 아이가 꿈꿀 수 있도록 독려하고, 더불어 부모님들 또한 꿈을 가진 채 아이와 함께 행복한 미래를 맞이하셨으면 좋겠습니다.

0.1%의 비밀

꿈은 직업이 아닙니다. 오랜 시간 동안 추구해야 하는 일입니다.
선생님이라는 직업이 아니라 '배움이 필요한 사람들에게 내가 아는 것을
가르치는 일을 하겠다'고 꿈을 정해야 하는 거지요.
그렇다면 그 아이는 100세, 130세가 될 때까지도
자신의 꿈을 이뤄나갈 수 있는 거예요.

0.1%의 비밀

부모만이 줄 수 있는 두 가지 선물, 자존감과 창의성

1판 1쇄 발행 2020년 9월 7일
1판 11쇄 발행 2023년 10월 20일

지은이 | 조세핀 김, 김경일

펴낸이 | 김유열
편성센터장 | 김광호
지식콘텐츠부장 | 오정호
단행본출판팀 | 기획 장효순, 최재진, 서정희 | 마케팅 최은영 | 제작 정봉식

책임편집 | 조창원
진행 | 서주희
디자인 | 올컨텐츠그룹
인쇄 | 우진코니티

펴낸곳 | 한국교육방송공사(EBS)
출판신고 | 2001년 1월 8일 제2017-000193호
주소 | 경기도 고양시 일산동구 한류월드로 281
대표전화 | 1588-1580
홈페이지 | www.ebs.co.kr
이메일 | ebsbooks@ebs.co.kr

ISBN 978-89-547-5406-4 03370
© 2020, 조세핀 김·김경일

이 도서의 국립중앙도서관 출판예정도서목록(CIP)은 서지정보유통지원시스템 홈페이지
(http://seoji.nl.go.kr)와 국가자료종합목록 구축시스템(http://kolis-net.nl.go.kr)에서
이용하실 수 있습니다. (CIP제어번호 : CIP2020036184)